3 TEORÍAS DE TODO

3 TEORÍAS DE TODO

ELLIS POTTER

DESTINÉE MEDIA

© 2012 ELLIS POTTER

Sin limitar los derechos de autor reservados aquí, no se permite la reproducción del contenido de este libro, ni total ni parcialmente, sin el previo permiso escrito del editor, excepto cuando la ley lo permita y con la excepción de citas incorporadas dentro de artículos de crítica y revisión. Tampoco se permite guardar o transmitir el contenido de este libro de forma electrónica, mecánica o de copia. Para cualquier información, contacte con: info@destineemedia.com

Todo cuidado se ha llevado a cabo en citar datos originales y derechos de autor en las citas mencionadas en este libro. En caso de que se encontrara algún error, el editor estará agradecido de recibir documentación escrita que corrija el error para poder ser rectificado en posteriores impresiones.

Publicado por: Destinée Media
www.destineemedia.com

Editor principal: Peco Gaskovski
Diseño, tipografía: Katharine Wolff
Diagramas interiores: Ellis Potter
Dibujo del autor en contratapa: Andrzej Bednarczyk
Traductora: Noemi Read
Correctora: Kenia Muñoz Nicholls

Todos los derechos reservados por el autor.

ISBN 978-1-938367-18-2

INTRODUCCIÓN

EL PRIMER CÍRCULO
    El Movimiento de La Nueva Era o 'New Age'
    Experimentando la Unidad
    El ciclo de la vida
    Meditación y lenguaje
    La nada del Zen

EL SEGUNDO CÍRCULO

EL TERCER CÍRCULO
    El problema de los opuestos
    Humpty Dumpty

    Enamorarse en un puente
    Desafiando la gravedad
    Cambio, Tiempo y Eternidad
    Yo y Nosotros Tienes que servir a alguien
    ¡Mira, papá, mira!

    Un agujero negro en el corazón
    La solución
    En pocas palabras

45 PREGUNTAS
    Temas para la discusión
    con respuestas a cargo de Ellis Potter

Para

Mary

mi

esposa

∘ ∘ ∘

CUANDO ERA PEQUEÑO, yo hacía las preguntas que muchos niños hacen. Los niños quieren saber a qué distancia está 'lejos' o qué pequeño es algo 'pequeño'. Sobre todo, ellos quieren saber 'por qué'. Yo nunca crecí. Todavía hago estas preguntas, preguntas absolutas, sobre la vida misma. Quiero saber cómo es la realidad cuando se han hecho todas las preguntas habidas y por haber. Quiero saber el significado de las cosas en su contexto final y absoluto. Resulta difícil cuestionar preguntas absolutas porque pueden desafiar nuestras creencias más profundas. Pueden llegar a ser amenazantes. Pero es apasionante hacer cuestiones absolutas. Yo pienso que es saludable. Espero que si alguno de vosotros ha crecido, vuelva a ser un niño otra vez.

Los niños pequeños comienzan sus vidas esperando y confiando en que la realidad tiene sentido. Ellos creen que mamá y papá son omniscientes- una creencia que se derrumba en un momento dado durante la infancia. Viene a ser como Papá Noel. Una vez que se convierten en adultos, la mayoría de las personas han perdido la esperanza y la confianza en cómo funciona todo. Su concepto de la realidad se limita a un punto de vista cultural reducido, a la auto-protección y al control, o a la indiferencia. Viven en una realidad constreñida, porque la gran realidad, la realidad absoluta, es demasiado difícil.

Un absoluto es una categoría tan grande que todo cabe dentro y nada queda fuera. La categoría de *realidad absoluta* incluye todo lo que existe. Es una teoría del Todo. Muchas personas piensan que no hay absolutos y afirman que 'en absoluto hay absolutos'. Sin embargo, hay un problema con esta frase, porque si es absolutamente verdad, entonces tiene que ser absolutamente falso.

Yo creo que la existencia de absolutos es muy posible, pero es inconveniente y desagradable para nuestro ego. En la sociedad actual, la gente tiende a no creer en absolutos, porque, si existieran absolutos reales, entonces seríamos responsables ante el absoluto. Si existen auténticos absolutos aparte de nosotros, entonces no nos inventamos a nosotros mismos. Por otra parte, si no hay absolutos, entonces somos libres. Nos inventamos a nosotros mismos y el significado de todas las cosas se limita a cómo reaccionamos ante ellas. Esta idea es muy atractiva por obvias razones. También significa que podemos dejar de hacer preguntas.

Pero algunos siguen inquiriendo. Quieren saber qué es la vida en realidad, cuál es su significado. No se conforman con amoldarse a la cultura o creer lo que sus padres les enseñaron. Desean saber qué es real y auténtico y no les asusta la respuesta. Si carece de sentido y está inerte, pues que lo esté. Si resulta tener un propósito y es glorioso, pues que lo sea. Y de esta manera siguen haciendo preguntas hasta lo más profundo y lo más extremo de la realidad, con la esperanza de alcanzar la verdad, la Verdad *Absoluta*- tanto si ésta conlleva esperanza como si no.

Los Tres Círculos

Cuando comencé a buscar absolutos, descubrí que no había muchos. Creo que se reducen a tres: Monismo, Dualismo y Trinitarianismo. Los tres son muy diferentes, aunque tienen cosas en común, entre ellas el sufijo –*ismo*. *–Ismo* significa que todo aquello que se coloca delante del sufijo *–ismo* es el centro de la realidad y la medida de todo. Si la ciencia es la medida de todo, tenemos *Cientifismo*. Si el ser humano es la medida de todo, tenemos *Humanismo*. En lo relacionado con la visión del mundo, existen el *Monismo, el Dualismo y el Trinitarianismo*.

El punto en común más importante que tienen estas tres visiones del mundo es su visión de la historia de la realidad. Las tres consideran que hubo un origen perfecto pero que después algo falló, de manera que ahora vivimos en una situación que no se corresponde con la original. Ahora sufrimos, estamos alienados, preocupados, confundidos. Queremos que todo vuelva a estar bien. ¿Existe alguna persona que nunca se haya quejado de cómo van las cosas en el mundo? Muy pocos creen que todo es perfecto en el mundo y la mayoría de ellos, o bien nos engañan a nosotros o se engañan a sí mismos, o nunca leen las noticias. Opino que es normal quejarse porque es obvio que las cosas no van bien. Es comprensible que la gente quiera que todo vuelva a funcionar de nuevo.

La tradición occidental de pensamiento reconoce que la idea de que 'las cosas fueron una vez perfectas y necesitan volver a ser perfectas' es la visión bíblica de la historia. En el principio, un Dios perfecto hizo una creación perfecta y personas perfectas, pero luego algo lo estropeó todo. Hubo rebelión, pecado y egoísmo. Como resultado de esto, las cosas no van bien y sufrimos y deseamos que todo se vuelva a corregir en Cristo. Este movimiento expresado en términos abstractos es:

perfecto-imperfecto-perfecto

o aún mejor:

en casa-lejos-de vuelta a casa

En otras palabras, es un modelo de regreso al hogar, de haber estado de viaje y regresar al punto de partida, normalmente tras sufrir una transformación. Este modelo se encuentra en grandes relatos, como La Odisea de Homero, y en la mayoría de la música, desde simples canciones del folklore popular hasta una sonata vienesa. La música y los cuentos son tan convincentes porque son micro-cosmos que reflejan la estructura básica del universo.

Ahora bien, si reconocemos que las cosas no funcionan adecuadamente, una pregunta importante es: ¿Cómo era la realidad cuando era perfecta? Si conocemos la respuesta, entonces tendremos una mejor idea de lo que está mal y de cómo podemos arreglarlo. Si no sabemos la respuesta, entonces tan sólo podemos decir 'Ay, *me duele*'. ¿Recuerdas a René Descartes? Descartes dijo: 'Pienso, por lo tanto existo'. Pero yo prefiero decir: 'Siento dolor, por lo tanto existo'. Yo creo que eso se aproxima más a nuestra experiencia.

Hay un relato apócrifo sobre Descartes que cuenta cómo, entrando en una taberna, pidió una jarra de cerveza y al terminar el camarero le preguntó: '¿Quiere otra cerveza?', a lo cual Descartes respondió: 'Pues, no pienso'- y desapareció.

Pero yo dudo de que desapareciésemos si dejáramos de pensar. Seguiríamos existiendo, sintiendo. Continuaríamos sufriendo. Hay personas en el mundo que realmente buscan experiencias dolorosas para poder sentirse vivos. Se cortan y se pinchan a sí mismos con cuchillas y agujas porque de esa manera se sienten vivos. Esta no es la mejor solución al problema del sufrimiento, pero podemos comprender su desesperación y apreciar un indicio de verdad detrás de todo ello. En un mundo imperfecto, el estar vivo y sentir dolor están entrelazados como en un nudo. ¿Hay alguna manera de desatar este nudo? ¿Es posible la existencia sin dolor? ¿Cuál es la solución al problema del sufrimiento?

El Monismo, el Dualismo y el Trinitarianismo están de acuerdo en que la realidad era originalmente perfecta. Sin embargo, discrepan en cuanto a la naturaleza de esa perfección. En otras palabras, cada visión del mundo ofrece una solución única, una esperanza única al problema del sufrimiento. Monismo, Dualismo y Trinitarianismo se pueden representar mostrando un círculo de tres maneras diferentes.

EL PRIMER CIRCULO

Comencemos con el Monismo. El Monismo y el Monoteísmo no son la misma cosa. El Monoteísmo es la creencia en un Dios, pero el Monismo es la creencia en un *Uno,* una unidad total que es la base de todo. Esa es la diferencia. Si crees en un Dios, entonces tienes Dios y *no* Dios. Pero si crees en un *Uno,* entonces solo tienes unidad, o *Todo* es Uno.

El Monismo es una visión del mundo antigua. Probablemente originó cuando la gente veía el mundo como una unidad. Hay una tierra, un cielo, un sol, una luna, una raza humana, un ciclo de día y noche, un ciclo de cuatro estaciones. A la misma vez, la gente pudo ver diversidad. Vieron diferencias. Las unidades que presenciaban eran estables y seguras, pero las diversidades que veían eran inestables e inseguras. El Monismo sostiene que la perfección original es una unidad perfecta, eterna e inmutable. Sufrimos porque hemos olvidado esta unidad original y vivimos en una ilusión de diversidad. Esta ilusión nos puede parecer muy real, pero no deja de ser una ilusión. Según el Monismo, la solución del sufrimiento es recordar y volver a hacer realidad la unidad perfecta.

El Monismo es una idea central del movimiento Nueva Era, o New Age . ¿Has oído hablar del movimiento Nueva Era? En realidad se está haciendo viejo ya. El movimiento Nueva Era se hizo popular hace unos 50 años, en la época hippy y parte de su inspiración procede de la astrología. Hay doce signos en el Zodíaco astrológico y la historia avanza de un signo a otro como las agujas de un reloj. En el momento actual estamos pasando de la Era de Piscis, simbolizada por dos peces moviéndose en direcciones opuestas, a la Era de Acuario, el portador de agua, donde todas las cosas confluyen. Estamos yendo de una edad de oposición a una edad de confluencia, y cuando todo confluye hay un incremento de paz y tolerancia y un entendimiento de que todo es Uno.

La pegatina en el coche de la Nueva Era dice: 'Todo es Uno'. Es el gran clamor evangelístico. Todo es Uno. Si todo es Uno, entonces tú eres Dios. Tú eres el sol y la luna y la Vía Láctea y el universo entero. Si todo es Uno, cuando bebes agua de un vaso, tú eres Dios poniendo a Dios dentro de Dios. La idea de que 'Todo es Uno' es tan atractiva porque si todo es uno, nadie va a discrepar con nadie, nadie se va a pelear, no va a haber malentendidos y nadie estará solo. Todos los problemas se resuelven si todo es uno. Quizás te guste esta idea. No obstante, si todo es uno, entonces tú eres yo y eso puede que no sea tan atractivo. Si todo es uno, las relaciones son malas porque sólo tienes relaciones cuando tienes la ilusión de diversidad. Si todo es uno, el odio es malo porque el odio es una relación y el amor también es malo porque es una relación.

Algunas personas se oponen a esta manera de pensar porque no quieren abandonar la idea de amor o de relaciones. Pero el Monismo es una visión del mundo absoluta que abarca todo, y, por lo tanto, no podemos escoger con qué parte de la realidad nos queremos quedar y cuál queremos ignorar. Todo es uno. No se deja nada fuera, ni se divide y todo está totalmente unificado.

El Elefante de La Nueva Era

Un relato de la Nueva Era que simboliza la idea de que *Todo es Uno* es la historia del elefante. El elefante es un símbolo de la verdad absoluta y los humanos aparecen representados como gente ciega intentando descubrir la verdad tocando al elefante. En mi opinión, tiene sentido que la historia trate de un *elefante*-verdad en vez de, por ejemplo, un *conejito*-verdad. Un conejito es algo que puedes abrazar, pero un elefante es demasiado grande; no lo puedes abarcar. La verdad absoluta es, en otras palabras, *más grande* que yo. También es lógico que la gente del relato sea ciega porque todos somos ciegos de una forma u otra.

En el cuento, la primera persona ciega encuentra la cola del elefante y dice: 'Ah, el elefante es como una cuerda'. Otra persona ciega encuentra una pierna y dice: 'No, el elefante es como un árbol'. Una tercera persona encuentra la trompa y dice: 'No, no, el elefante es como una manguera'. Y aún, una cuarta persona toca el costado del elefante y dice: 'El elefante es como una pared'. Tan sólo hay un elefante, pero cada persona tiene una experiencia muy diferente del elefante.

El elefante es demasiado grande para poder ser abarcado y experimentado en su totalidad, así que se ven ante un dilema. Pueden elegir creer que su propia experiencia del elefante es válida y, creyendo que todas las demás son falsas, discutir, luchar y matarse los unos a los otros. O pueden elegir respetar la fe de los demás y darse cuenta de que *todas* las diferentes experiencias son también válidas y por lo tanto deberíamos vivir juntos en armonía. ¿Cuál de las dos opciones es la mejor?

Quizás te sientas atrapado. Por un lado, no quieres decir que el concepto de verdad de todo el mundo es verdadero en la misma medida. Pero, por otro lado, no quieres decir que deberíamos pelearnos y matarnos los unos a los otros. De hecho, una vez conté esta historia en los Estados Unidos y un chico joven levantó la mano y dijo: 'Matarnos los unos a los otros'. Esta reacción no carece de cierta honesta lógica, pero la mayoría de las personas (incluso de los americanos) no piensan que ésa sea la mejor solución.

La historia del elefante demuestra que no hay más opción que aceptar que cada persona tiene parte de la verdad y que nadie posee una parte de esa realidad más válida que la de los demás. Pero, ¿hay algún problema con el elefante? Cuando hago esta pregunta durante mis charlas, la gente normalmente se centra en problemas relacionados con la ceguera. Señalan que los protagonistas no han puesto en común sus experiencias, o que son ciegos o que son más pequeños que el elefante y que por eso no pueden abarcarlo. Ciertamente estos son problemas, pero, ¿qué podemos decir acerca del elefante.

Notemos que las personas del cuento son activas y comunicativas, pero el elefante no lo es. Él está pasivo y callado. Está disponible, no se esconde, pero no se presenta a la gente que está deseando descubrirlo. Como ves, en la historia del elefante, la verdad absoluta- el elefante- es más simple que los particulares-la gente. ¿Pero es esto razonable? ¿Es esto lo que esperamos de la verdad absoluta? ¿Qué piensas tú?

Otro relato de la Nueva Era que refleja la idea que todo es Uno es la de la gota de agua. Una gota de agua tiene muchos problemas. Está sola. Se preocupa por la evaporación. . Se siente frustrada al saber que el agua está para que los peces naden pero que una gota de agua es demasiado pequeña para que nadie pueda nadar en ella. La solución de sus problemas es volver al océano y convertirse en parte del todo. De esa manera, la gota de agua se puede reír de la soledad y de la evaporación y los peces pueden nadar en ella. Así es como se enseña la iluminación a los niños.

Experimentando la Unidad

La idea de que todo es Uno tiene sus raíces en versiones antiguas del Monismo. Es la base del Hinduismo y del Budismo, las grandes religiones monistas. El fundador del Budismo fue Siddhartha Gautama. Durante cuarenta días y cuarenta noches estuvo meditando bajo el árbol Bohdi y entonces fue iluminado. Abrió sus ojos y vio el planeta Venus en el horizonte. Supo que había sido iluminado porque sabía que estaba mirándose a sí mismo. Si todo es Uno, yo soy el planeta Venus. Si todo es Uno, tú eres Dios.

Una tarde, cuando yo era un adolescente y hacía yoga y meditación budista, tuve una experiencia inolvidable. Sentí que yo era del mismo tamaño que el universo entero. La experiencia duró alrededor de unos quince minutos y fue muy intensa, aunque no pudo ser muy transformadora, si no, sería algo más que un simple recuerdo. Para las personas que están iluminadas profundamente, esta experiencia es una realidad constante.

Hay muchas formas diferentes de Budismo y la gente en el mundo occidental normalmente siente una gran atracción por ellas. Sin embargo, yo pienso que a menudo nos quedamos con los detalles superficiales de ideas como el Budismo, sin profundizar en los principios básicos. No voy a hablar de las ideas superficiales, sino de los principios básicos.

En el Budismo hay cuatro leyes espirituales, llamadas *Cuatro Nobles Verdades*. La primera Noble Verdad es la *ley del sufrimiento*. Esta ley dice que todo y todos sufren, tanto si proceden del Oriente como del Occidente. Con esto estamos de acuerdo.

La segunda Noble Verdad es *la ley de la causa del sufrimiento,* que es el deseo. Si deseas, entonces sufres- no tienes paz. El deseo es causado por las relaciones. Por ejemplo, si me encuentro contigo y hablo contigo, deseo agradarte y que me entiendas. Pero quizás no sea así y como resultado voy a sufrir. Pero en realidad es peor que esto, porque incluso si yo te gusto y me entiendes, voy a desear seguirte gustando y que me sigas entendiendo. De esta manera nunca consigo escapar de ese deseo ni del sufrimiento que conlleva. Según el Budismo, todo deseo (tanto si es el de ser rico o listo o atractivo como si es el de agradar), causa sufrimiento.

La tercera ley de la Noble Verdad es *la ley de la terminación del sufrimiento a través de la terminación del deseo.* Voy a darte un ejemplo. Si me duele una muela y quiero que se termine el dolor, pero continúa doliéndome, sufro. Pero si me duele la muela y no deseo que me deje de doler y el dolor no termina, entonces no sufro. Soy libre. El dolor está ahí, pero si llego a la conclusión de que *yo* soy el dolor, entonces no sufro. Mi experiencia no es *tengo dolor,* sino *el Dolor es.*

La cuarta Noble Verdad es una terapia de ocho pasos para conseguir la anulación del deseo. El programa tiene un nombre especial: *el Sendero de Ocho Pasos.* ¿Has oído hablar del programa de doce pasos que siguen los Alcohólicos Anónimos para superar la adicción al alcohol? Quizás hayas oído hablar de otros programas de pasos que conducen a la salud y a sobrellevar diversas dificultades. El sendero de ocho pasos, o Noble Camino Óctuple, que sugirió el Buda, es probablemente el programa original de pasos. En este caso, la idea del *pliegue* sustituye a la de *pasos*. Si tienes que dar diferentes pasos, cuando dejas el primer paso te encuentras en el segundo. Pero si tienes pliegues, como en una hoja de papel, tu progreso se incrementa y crece sobre sí mismo, hasta que has conseguido los ocho pliegues.

El Noble Camino Óctuple comienza con cosas prácticas, como por ejemplo la forma correcta de ver las cosas, el pensamiento o propósito correctos, la acción correcta, el discurso apropiado, la forma digna de ganarse la vida, el esfuerzo adecuado, la conciencia perfecta, la concentración adecuada y entonces añade partes mayores de la realidad, como lo sobrenatural, la consciencia, el conocimiento, la meditación y la consciencia-Buda. En su libro, titulado 'Tres Formas de Sabiduría Asiática', Nancy Wilson Ross describe el proceso de esta manera: primero has de ver claramente qué está mal, entonces debes decidir curarte. Después debes de actuar y hablar con la intención de ser curado. Tu sustento no tiene que interferir con tu terapia. Tu terapia debe continuar progresivamente, tan rápido como pueda ser posible, pero nunca demasiado deprisa. Debes pensar en ello constantemente y debes aprender a reflexionar con una mente profunda.

El ciclo de la Vida

Conseguir la unidad absoluta de toda la realidad es un largo proceso. Muchas personas pronto descubren que no es razonable esperar que se pueda conseguir el proceso completo durante la vida. Es aquí donde entra en juego la doctrina de *la reencarnación*. La reencarnación es la idea de que, tras la muerte, renacemos con otra vida en este mundo, vivimos, volvemos a morir y de nuevo nacemos para repetir el proceso. De esta manera vamos consiguiendo *Karma*. El Karma es como una ley de causa y efecto. Cualquier cosa que hacemos en esta vida produce efectos que necesitan ser reequilibrados y este reequilibrio normalmente ocurre en otra vida. Por ejemplo, si en una vida matamos a alguien, en la próxima vida alguien nos matará a nosotros o quizás nos dediquemos a salvar vidas.

La reencarnación puede continuar por miles de vidas. En el mundo occidental solemos entender la reencarnación de manera optimista, posiblemente debido a nuestra propia naturaleza positiva. Pensamos: 'Ah, tienes otra oportunidad. Eso es bueno. Quizás la próxima vez seré un rey'. Pero en Asia la reencarnación no se considera una bendición. Es más bien una condena en la que uno nace para sufrir una y otra vez. El objetivo del Budismo y también del Hinduismo no es la reencarnación en sí, sino el *dejar de* reencarnarse de una vez por todas.

Cuando un cristiano le dice a un budista o a un hindú que necesita *nacer de nuevo,* ellos le responden: 'Ya lo sé- muchas veces'. El nacer de nuevo no es una buena noticia ni para un budista ni para un hindú.

Los budistas y los hindúes usan el término 'maya' para describir la ilusión de realidad. El estar atrapado en maya es como estar encerrado en una pesadilla. El sueño es doloroso, aterrador e incómodo, pero no es real. ¿Cuál es la solución a un mal sueño? Despertarse. El despertarse es la forma de comprender la realidad. También se llama *iluminación*. Es despertarse de la pesadilla de la diversidad y entender la unidad perfecta en su totalidad. Este es el evangelio y la salvación del Monismo. Es algo tremendamente absoluto, poderoso y muy atractivo. Como antiguo monje budista, todavía puedo apreciar esta visión del mundo y su gran atracción.

Meditación y Lenguaje

Para avanzar hacia la salvación se necesitan métodos en el Budismo, el Hinduismo y otras religiones Monistas. El principal método se llama *meditación*. En el mundo occidental, la gente a veces piensa que la meditación es pensamiento concentrado. No es así en el mundo oriental, donde la meditación es un método para *detener* el pensamiento. Pensar es analizar y relacionar, por eso debemos detener el pensamiento, ya que el pensar nos mantiene atrapados en una red de maya, en la ilusión de la diferencia y la diversidad. Pensar nos impide ver que si todo es Uno, entonces no hay relaciones, tan sólo unidad perfecta.

La meditación no sigue una lógica ni un programa. Meditar es simplemente *ser*. Si tú tienes una meta, tienes una relación con esa meta. La meditación nos ayuda, no a conseguir la meta, sino a ser la meta. Hay varias formas de meditar y muchas de ellas son bastante terapéuticas. Si sigues varias prácticas de meditación regularmente te sentirás más relajado y enfocado, estarás menos estresado, tu presión sanguínea también disminuirá, las ondas alfa en tu cerebro se incrementarán, al igual que tu capacidad para la concentración, tu sangre tendrá más oxígeno, tu necesidad de sueño disminuirá y puede que hasta que tengas una vida más longeva. La meditación es difícil, pero produce muchos beneficios.

Los que practican la meditación no son masoquistas, son seres humanos como los demás. Quieren ser mejores y sentirse mejor. Quieren mejorar sus vidas y estar más sanos.

Aparte de los beneficios prácticos, la razón fundamental por la que la meditación es practicada es el conseguir la iluminación. Alcanzar ese punto requiere muchas vidas. El Hinduismo representa este proceso de reencarnación como una rueda de vida y muerte que gira constantemente- se nace al sufrimiento para luego morir, entonces se vuelve a nacer al sufrimiento para morir otra vez. El propósito de la meditación es liberarse del giro constante de esta rueda.

Pero no nos liberamos de esta rueda saliendo de ella, sino yendo hacia el centro de la misma. El *centrarse* es fundamental en la meditación. Piensa en el centro de la rueda de una bicicleta o de un coche. ¿Cuál es su centro? El eje. ¿Cuál es el centro del eje? Un punto. ¿Y qué es ese punto? Ese punto es la nada. Incluso dentro de la realidad física, en el centro del centro del centro, entre las moléculas y los átomos, entre los electrones y los protones, está la nada. Esta nada no gira con la rueda. La nada está libre del giro. Una vez que alcanzas esta absoluta nada a través de la meditación, consigues el todo absoluto. Has conseguido la libertad absoluta. Estás completamente iluminado. Cuando te conviertes en la nada es cuando llegas a ser todo.

Uno de los métodos más comunes de meditación es *el mantra*. El mantra implica la repetición de palabras que tienen un significado- primeramente repitiéndolas en voz alta y luego internamente. Con la repetición adecuada, se convierten en una vibración y trascienden su significado. Se hacen cada vez más finas o sutiles, hasta que estás vibrando junto con cada átomo en el universo. Toda materia física vibra cuando los electrones cambian de órbitas. Cuando detectas esa vibración, te unes con la materia física en el cosmos y te conviertes en uno con la totalidad. Esta es la idea de donde procede el concepto de 'buenas vibraciones' usado por el movimiento de la Nueva Era. Las 'buenas vibraciones' son vibraciones de salvación, de unidad con toda la realidad. El uso del mantra no es adoración, a pesar de que a veces se usan palabras religiosas. La adoración supone una relación y funciona en la diversidad. La meta del mantra es liberarse de la diversidad y de las relaciones y conseguir la unidad de todo. Por esta razón, el objetivo de la meditación mantra es la destrucción del lenguaje, porque todo lenguaje implica relaciones entre diferentes cosas. Debes destruir el lenguaje para salvarte y conseguir la unidad total.

Hay muchos tipos de mantras. Uno de los más comunes y sencillos consiste en repetir la palabra OM. Recuerdo que yo la cantaba repetidamente en un monasterio. Cuando lo haces, respiras tres veces por minuto. Vacías tus pulmones completamente y los vuelves a llenar del todo. Cuando estás dentro de un ritmo, parece que no haya movimiento. No sabes si estás inhalando o exhalando. No sabes si hay silencio o sonido. Todo se vuelve uno.

Cuando doy mis charlas, normalmente realizo uno o dos OMs para que la gente se dé una idea de cómo suena. Una vez después de este ejercicio, un profesor de filosofía se acercó a mí y me dijo: 'Sentí algo dentro de mí cuando cantaste el OM, algo muy grande, y quisiera comprenderlo'. Yo le contesté: 'No lo puedes entender. Entenderlo significa relacionarse con ello, y el OM no consiste en eso. El propósito del OM es convertirse en uno con el OM'.

El texto completo es 'om mani padme hum', que significa 'Salve, oh joya en el loto'. La flor de loto crece en el barro bajo el agua y se propaga por brotes. Algunas especies no tienen semillas de tallo largo sino que se propagan por la superficie del agua. Si ves una estatua de Buda, fíjate en la base y verás unos pequeños pétalos de loto. Es un trono de loto y tiene pies de loto. Es una imagen muy importante para el Budismo. La flor de loto tiene cientos de pétalos. Si separas los pétalos y penetras en el centro de la flor de loto, ¿qué hay allí? Nada. Esa es la joya que hay en el loto. La imagen es muy bella y poderosa. Puede que el Budismo no sea perfecto, pero no es estúpido o desagradable.

Un mantra más complejo es 'gate gate paragate parasamgate Bodhi svaha'. Significa: 'se ha ido, se ha ido, se ha ido más allá, más allá, saluda a la joya en el loto'. Repite estas palabras diez veces cada mañana y tu vida cambiará. No puedo decirte cómo cambiará, pero tú probablemente notarás algo. La poesía y el simbolismo son muy intensos. Esas palabras aún me emocionan cuando las oigo.

La Nada del Zen

Hay muchas clases diferentes de Budismo, tales como Mahayana (gran vehículo), Theravada (escuela de los ancianos), Tántrico, Lamaístico, Nichiren Soshu, Escuela de Tierra Pura y otras. Los practicantes de cada tipo de Budismo te dirán que el suyo es el Budismo original y verdadero. Lo mismo sucede en el mundo occidental. Existen muchas personas que creen que Dios es luterano, aunque en realidad sabemos que es bautista. Los budistas no tienen problemas que no tengan los cristianos.

Anteriormente mencioné que durante años fui un monje budista, pero en realidad yo era un monje budista Zen, así que puedo asegurar que el Budismo Zen es el original, el verdadero Budismo. Zen es muy especial por varias razones. Los que lo practican creen en *la Nada*. No *son monistas, sino nonistas*. Pero no es una Nada negativa, sino una Nada positiva. El Zen pregunta: '¿Si todo se reduce a Uno, entonces a qué se reduce el Uno?'. Esta pregunta es similar a la planteada por los filósofos existencialistas cuando se preguntan por qué hay existencia y por qué existe lo que existe.

El Zen no responde la pregunta con palabras y conclusiones lógicas. Responde con un ejemplo de la vida cotidiana. Permíteme darte una idea de la Nada del Zen. Puede que tú o yo digamos: 'Es posible que llueva esta noche'. Esta posibilidad es real y es nada.

No se puede ni medir, ni pesar, ni podemos saber de qué color es. Es nada. De la misma forma, todo lo que existe- todo objeto, pensamiento, emoción, acción- es posible. Dios es posible, el demonio es posible, la tierra es posible, tú y yo somos posibles. Todas esas posibilidades son nada. La posibilidad es la madre de todas las cosas.

La posibilidad, aquí, no es lo mismo que la probabilidad. La probabilidad es algo que se puede describir y medir. La posibilidad no lo es. Una de las verdades más profundas del Budismo es 'Buda es posibilidad'. En Sánscrito decimos que él es Tathata, o tal como es, o cualidad indiferenciada. El Shakyamuni Siddhartha Gautama se llama el Tathagata, que significa *la encarnación de la calidad indiferenciada.*

Yo estudiaba con un maestro de Zen. Ahora tiene más de cien años y todavía enseña. Él ha escrito un libro titulado 'Buda es el centro de gravedad'. Es un título muy acertado para un libro sobre Zen. Todo objeto tiene un centro de gravedad: tu cuerpo, un camión, un barco, un edificio- todo. ¿Pero puedes describir el centro de gravedad? ¿De qué color es? ¿Cuál es su forma? ¿Cuánto pesa? El centro de gravedad no puede ser descrito con estos términos porque tan sólo es un punto teórico. En este sentido no es nada, pero es esencial. Puedes imaginar que el Buda es la nada esencial, o, por decirlo de otra manera, la nada impregnada central esencial.

En el Zen decimos: 'si ves al Buda, mátalo'. Eso significa que *si piensas que la realidad absoluta existe fuera de ti, tienes que liberarte de esa idea*. No debes tener ninguna idea del Buda. No puedes pensar en él como un personaje gordo pintado de dorado en un restaurante chino. No puedes pensar en él como un Buda sentado, de pie o acostado, ni tampoco como un Buda joven o un Buda viejo. No debes ver al Buda. Tú debes ser el Buda. Y no debes *convertirte* en el Buda, porque siempre *eres* el Buda. Debes despertarte y convertirte en la naturaleza-Buda. Entonces hay salvación.

Acabo de darte un sermón budista corto. No sé si alguno de vosotros se convertirá. Espero que entiendas el poder y la esperanza que conlleva esta visión del mundo y por qué personas sanas e inteligentes le consagran su vida. No están locas. Hay muchas buenas personas que están comprometidas con esta idea de la realidad.

EL SEGUNDO CÍRCULO

No puedo dar una opinión documentada del segundo círculo porque realmente no lo conozco bien. A pesar de que ha sido usado ampliamente como una teoría del todo por muchas personas en sus creencias y pensamientos, no es tan totalmente absoluto como el primer o el tercer círculo.

Este círculo, o por lo menos una de las versiones, se conoce en coreano como umyang. La gente del mundo occidental está más familiarizada con los términos chinos Yin y Yang. Yin significa 'oscuro' y Yang significa 'luz' y simbolizan la idea de que la realidad absoluta consiste en opuestos que están en armonía. Puede que relaciones esta idea con el Taoísmo y el Confucionismo. También aparece en otras religiones y filosofías y es un buen símbolo del Dualismo.

No es difícil ver cómo ha originado esta visión de la realidad. Si miramos al mundo que nos rodea, vemos que hay muchos opuestos: luz-oscuridad, caliente-frío, duro-blando, placer-dolor, inteligente-estúpido, alto-bajo, dulce-amargo, húmedo-seco, masculino-femenino. La idea tras el Dualismo es que la vida es buena cuando los opuestos están en equilibrio o en armonía los unos con los otros, pero sufrimos cuando hay un desequilibrio o discordia.

Por ejemplo, si el clima es demasiado seco, sufrimos. Si es demasiado húmedo, sufrimos. Si tu personalidad es demasiado extrovertida, tú sufres, pero si eres demasiado tímido, también sufres. Si sufrimos por los desequilibrios, entonces el camino de la salvación, según el segundo círculo, es restaurar la balanza. La perfección original es un equilibrio o armonía perfectos de opuestos iguales.

A través de la historia, la visión del mundo dualista ha producido un número de terapias y prácticas para ayudar a conseguir el equilibrio en distintas áreas de la vida, como lo son el comportamiento, la familia y la sociedad, el pasado y el presente. El culto a los antepasados es un ejemplo de este último. La armonía se consigue cuando personas que existen en el presente muestran respeto a personas muertas que existieron en el pasado. La misma armonía se puede obtener cuando gente joven, que vive exclusivamente en el presente, muestra respeto a los mayores, que viven en el pasado. También, las personas jóvenes son más fuertes que las viejas y el equilibrio entre los dos se consigue con el respeto- el más fuerte respeta al más débil. Este tipo de estrategia puede que no siempre funcione bien, pero puede traer orden a la sociedad.

El Dualismo también ha influenciado los enfoques de la arquitectura y el diseño interior a través de un sistema de estética conocido como *Feng Shui*. Para alcanzar armonía en tu salón, puede que tengas una moqueta oscura para estimular energía Yin y paredes claras para incentivar energía Yang. El resultado final es un equilibrio de energías opuestas y un mayor sentido de bienestar para aquellos que pasan tiempo en esa habitación.

La mayor parte de las estrategias y técnicas terapéuticas del segundo círculo son probablemente eficaces hasta cierto punto. Mejoran la vida, reducen el sufrimiento y producen diferentes enfoques en el caso de problemas de salud. En el mundo occidental, nuestro cuidado sanitario está basado en la farmacología y la cirugía. Esta forma de tratamiento normalmente intenta *atacar* algo- la fiebre, la infección, los tumores, etc. En el mundo oriental se tiende más a la cura dietética y ambiental, y se intenta combinar los diferentes elementos de nuestro cuerpo y su ambiente en un equilibrio y armonía mutuo. El cuidado sanitario del mundo occidental se concentra en resolver problemas. El cuidado sanitario en el mundo oriental se concentra en la prevención de problemas. Ambos enfoques pueden ser efectivos- los asiáticos no viven menos o peor que los occidentales, aunque a veces los métodos usados en el Oriente parecen ser dudosos o extraños a aquellos que no están familiarizados con ellos. Sería bueno poder combinar la sabiduría del Oriente y del Occidente de alguna manera, aunque a menudo hay mucha desconfianza entre personas de diferentes opiniones.

Durante el año 1975, estuve involucrado con una comunidad microbiótica cerca de Boston. Esta comunidad estaba consagrada a obtener salud y bienestar a través de una dieta equilibrada de alimentos yin y yang. La parte yin incluye todo lo que es suave, oscuro, dulce, amable y femenino. La parte yang es todo aquello que es duro, iluminado, amargo, estricto y masculino. La mayoría de las dietas contienen demasiado yin, con un énfasis en el azúcar, grasas, crema y alcohol. Para equilibrar es necesario comer alimentos yang, como arroz integral, rábanos negros, verduras de hoja verde y algas.

Yo temía presentarme a las reuniones con aliento a postre de caramelo. Me habían comentado que el fundador de esta comunidad había fallecido de viejo y que después de haberse pensado mucho las diferentes posibilidades había llegado a la conclusión de que su sistema era demasiado yang, lo cual nadie nunca antes había oído mencionar. Así que decidió seguir un régimen a base de whisky y helado, que pareció ayudar. Debemos trabajar con las cosas sorprendentes e inesperadas de la vida, en vez de negarlas.

El pensamiento dualista ha tenido una gran influencia en el arte, la cultura, la filosofía y la política. Podemos pensar en la base dualística de la dialéctica Hegeliana/Marxista con su tesis y antítesis, la cual implica una revolución y progresa hacia una síntesis del Comunismo. Estas ideas fueron experimentadas durante varias décadas a gran escala pero finalmente resultaron ser inviables al final del siglo veinte. Yo pienso que el Comunismo es muy religioso pues requiere fe en la visión del profeta (Marx, Lenin, Mao, Stalin). Únicamente podemos conocer la dirección que tomará el dinamismo de la revolución a través de la visión profética o sacerdotal del profeta. Las visiones de los profetas comunistas no encajaron con la realidad.

Hay muchos ejemplos artísticos de la visión del mundo Dualista. Uno de los más conocidos en la cinematografía es la serie de 'La Guerra de las Galaxias', en la cual observamos un conflicto entre las fuerzas de la luz, simbolizadas en las películas originales de Luke Skywalker y las fuerzas de las tinieblas, simbolizadas por Darth Vader. La solución de la tensión entre estos dos elementos opuestos es La Fuerza, una energía universal que es el origen de todo e incluye tanto un lado oscuro como un lado luminoso.

Sin embargo, hay un problema con La Fuerza como algo totalmente unificador porque la luz consigue triunfar sobre las tinieblas en las películas de 'La Guerra de las Galaxias'. En otras palabras, aunque la visión del mundo de las películas es Dualista, la conclusión es no-Dualista.

Aunque el Dualismo ha predominado en la historia del hombre y ha contribuido a ofrecer aplicaciones prácticas que incluyen la salud y la vida equilibrada, encontramos ciertas dificultades con el segundo círculo. Un problema es que no parece ser absoluto. ¿Qué es lo contrario de un rio? Un desierto es muy diferente de un rio, pero, ¿es lo contrario? ¿Y lo contrario de tiempo? ¿Es la cuenta atrás? ¿La eternidad? Existen muchas diferencias, pero no todo tiene un opuesto claro. Es posible que este absoluto pueda no ser un absoluto en realidad. No lo explica todo y por lo tanto comienzo a dudar del Dualismo como una teoría adecuada de todo.

Además, si el segundo círculo es realmente absoluto, entonces tiene que incluirlo todo. Debe incluir tanto la amabilidad como la crueldad, el bien y el mal. Si tiene que haber equilibrio entre el bien y el mal, entonces nunca podemos conseguir la victoria porque tan pronto como la conseguimos tenemos desequilibrio. La meta es la armonía, no la victoria.

La tradición occidental ha sostenido que el bien y el mal no son opuestos de igual valor. En el principio había el bien y en ese contexto surgió el mal. En esta perspectiva el mal no puede existir sin el bien, pero el bien puede existir sin el mal. La mayoría de la gente espera que el bien venza sobre el mal, que la bondad derrote a la crueldad, que el amor triunfe sobre el odio. Pero la perspectiva dualista no permite esto.

Un último problema con el segundo círculo es que la armonía de los opuestos, si es verdaderamente perfecta y absoluta, debe ser estática. Nada se mueve. Si algo se mueve, la perfección se destruye. Cuando es perfecto, está totalmente inmóvil y cuando está absolutamente inmóvil es Monismo- es una unidad. El segundo círculo viene a ser el primer círculo en lugar de una visión del mundo totalmente distinta e independiente.

EL TERCER CÍRCULO

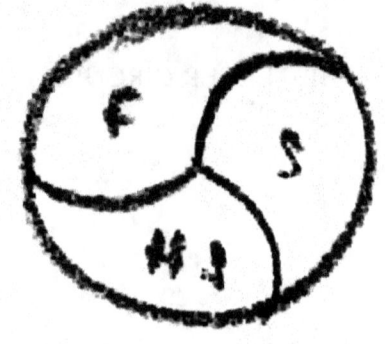

Trinitarian

Podemos explorar el tercer círculo, el Trinitarianismo, utilizando dos enfoques. El primer enfoque implica el mirar la realidad a nuestro alrededor y preguntarnos: '¿Cuál es la causa de esta realidad?' El segundo enfoque implica el uso de uno de los orígenes básicos de la visión del mundo occidental, la Biblia, para comprender qué dice sobre la realidad.

El primer enfoque se conoce como teología *natural*. Incluye todo lo que aprendemos a través de la observación diaria y la ciencia. El segundo enfoque se llama teología *revelada*. La teología revelada nos muestra cosas sobre la realidad que no podemos aprender a través de la ciencia o la observación cotidiana.

Por desgracia, los dos enfoques (teología natural y teología revelada) parecen estar en competición el uno con el otro. En un extremo, hay personas que insisten en que sólo podemos entender la realidad a través de la observación humana y el razonamiento sistemático. También hay personas en el otro extremo que desconfían de la ciencia y dependen casi exclusivamente de la Biblia. Si se entiende bien, yo creo que los dos enfoques se complementan mutuamente. Juntos nos ayudan a enriquecer la visión de la realidad y por esta razón usaré los dos para explorar el tercer círculo.

El problema de los opuestos

Según el tercer círculo, cuando miramos el mundo a nuestro alrededor vemos unidad y diversidad. En esto nos parecemos a la gente del primer círculo. Pero, mientras la gente del primer círculo concluye que la unidad es buena y real y la diversidad es mala e ilusoria, la gente del tercer círculo tiene otra idea diferente. Ellos consideran la perfección original, llamada Dios, como perfectamente unificada y perfectamente diversificada.

Vemos una descripción clara de esta realidad en la Biblia. Dios está perfectamente unificado como un Dios, pero, a la misma vez, Dios está perfectamente diversificado en tres personas: Padre, Hijo y Espíritu Santo. Hay unidad y diversidad en una realidad absoluta. No se trata de un Dios que decide revelarse de tres maneras diferentes para dar la impresión de diversidad, así como tampoco se trata de tres personas que deciden unirse y cooperar para dar la impresión de unidad. La realidad original es 100% unificada y 100% diversificada. Es una realidad al 200% que no puede ser comprendida por simple lógica.

Aquí va un refrán que inventé para representar la esencia de esta realidad: 'Dios sólo es Dios y Dios no está solo'. No se puede decir esto sobre ningún otro Dios o perfección original. Puedes decir que *sólo Buda es Buda,* pero eso es todo. El resto es silencio. Puedes decir que *Krishna solamente es Krishna y Alá sólo es Alá*, pero el resto es otra vez silencio. Si el Dios del tercer círculo quiere hablar con alguien, hablan entre ellos, porque Él es tres personas. Un Dios que no está diversificado no puede hablar consigo mismo. Tendría que crear alguien con quien hablar. Requeriría una creación para ser personal, mientras que el Dios del tercer círculo es intrínsecamente personal, independientemente de su creación. Su creación no le completa, sino que le expresa.

Si la perfección original está tanto unificada como diversificada, eso significa que podríamos experimentar tanto la unidad como la diversidad en la realidad. Dicho de otra manera, al contrario que el Monismo, el tercer círculo no considera la diversidad como la causa del sufrimiento ni entiende que alejarse de la diversidad sea la solución. En cambio, el tercer círculo entiende que la variación y el contraste son parte de la perfección original y, por lo tanto, son una parte normal de la realidad misma.

Al igual que ocurre con la unidad y la diversidad, hay muchas otras maneras en que la creación de Dios representa una realidad al 200%. Por ejemplo, una de las imágenes de la realidad descritas en la Biblia es el matrimonio. Encontramos esta realidad al comienzo de la Biblia, en el libro de Génesis, cuando Dios une a Adán y Eva, y lo volvemos a encontrar al final de la Biblia en la cena de bodas del Cordero en el Libro del Apocalipsis. Y yo me pregunto, ¿el matrimonio es más masculino o más femenino? La mayoría respondería que es igual. ¿Significa eso que es al 50 por ciento? No, porque si quitas a la mujer no te quedas con la mitad del matrimonio. Te quedas con nada. El matrimonio es 100% marido y 100% mujer. Es una realidad nueva, una realidad al 200% que incluye dimensionalidad y misterio.

Puede que esto te parezca raro, pero los antiguos hebreos pensaban de una manera diferente a la gente de la Ilustración europea y a la mayoría de la gente actual. Tenemos la tendencia a pensar en la realidad como un gráfico circular de dos dimensiones, donde el total se puede dividir en diferentes partes que suman 100%. Podemos dividir esta realidad en unidad y diversidad, o podemos dividirla según otros opuestos 'difíciles', tales como la objetividad y la subjetividad, o la predestinación y el libre albedrío. Pero un gráfico circular nunca nos dará una solución estable a esta clase de opuestos. Por ejemplo, en el caso de la predestinación y del libre albedrío, ¿me escoge Dios a mí o le escojo yo a Él? Podría dividir el gráfico al 50%-50%, pero yo no debería ser igual a Dios, así que quizás debería ser más bien 51% Dios y 49% yo, o quizás 99% Dios y 1% yo, o 100% Dios y 0% yo, o quizás 100% yo y Dios está de vacaciones. Ninguno de estos porcentajes es satisfactorio. El gráfico circular no funciona. El tercer círculo considera que Dios es 100% soberano y la gente 100% responsable. Tanto la soberanía de Dios como el libre albedrío de las personas son completamente reales. En esta misteriosa complementariedad Calvino y Arminio se dan la mano.
Otra forma de pensar en el tercer círculo es en términos de dimensiones físicas. Piensa en la soberanía de Dios

como el 100% de un plano de dos dimensiones y piensa en el libre albedrío como el 100% de otro plano de dos dimensiones. Si cruzas estos dos planos, creas una tercera dimensión que incluye ambos elementos dentro de una realidad complementaria de tres dimensiones.

Dentro del cruce no hay competición o contradicción de opuestos. Encajan perfectamente en una realidad única y complementaria. Yo creo que tiene sentido que un Dios que consiste en tres personas haya creado una realidad que tiene por lo menos tres dimensiones. que tiene por lo menos tres dimensiones.

Humpty Dumpty

Si la idea de dimensiones te parece un tanto aburrida y geométrica, podemos expresar lo mismo con la historia de *Humpty Dumpty*. ¿Conoces a Humpty Dumpty? Humpty Dumpty era un personaje en forma de huevo en una rima infantil inglesa. No sé si era un huevo bueno o malo, pero era definitivamente un huevo profundo. Humpty Dumpty representa a todo el mundo. La rima infantil nos cuenta cómo Humpty Dumpty estaba sentado en lo alto de una pared. En un lado está la parte subjetiva y en el otro lado, la parte objetiva. Está la parte de la predestinación y la parte del libre albedrío y muchos más opuestos que componen la realidad. Humpty Dumpty se cayó de la pared, pero, ¿de qué lado se cayó? ¿Del lado subjetivo o del lado objetivo? ¿Del lado de la predestinación o del libre albedrío? No lo sabemos y no importa. Sabemos que se cayó y que caigas donde caigas es un desastre, porque necesitas ambas partes para formar la realidad. Cuando caes en un lado, estás muerto porque sólo tienes la mitad de la realidad.

Así que, Humpty Dumpty se cayó al suelo y se estrelló, pobrecito.

> *Recordemos qué dice la rima:*
> *'Humpty Dumpty estaba sentado sobre una pared*
> *Humpty Dumpty cayó al suelo*
> *Ni todos los caballos del rey ni todos sus hombres lo pudieron armar de nuevo'*

Y con esto decimos 'buenas noches, dulces sueños' a nuestros niños. Nos sonreímos, pero en realidad es horrible, ¿verdad? Muchas rimas infantiles son siniestras probablemente porque las vidas de los niños son a veces duras. Estas rimas son muy profundas. Sin embargo, según el tercer círculo, a la rima de *Humpty Dumpty* le falta una frase, una frase que la transformaría en un poema esperanzador. La frase dice así:

> *'pero el Rey sí pudo armarlo de nuevo'.*

Ni los caballos del Rey ni sus hombres pudieron hacerlo, pero el Rey sí pudo. Los misioneros, los pastores, los evangelistas y los científicos no pudieron hacerlo, pero el Rey sí pudo. El Rey es el Dios del tercer círculo. Él es la solución de la causa del sufrimiento.

¿Cómo, pues, lo hace?

Enamorándose en un Puente.

Antes de poder entender completamente la solución de la causa del sufrimiento, necesitamos profundizar en el tercer círculo. Exploremos la subjetividad y la objetividad un poco más, pues ambas son ideas muy comunes en la realidad diaria. Durante siglos, muchos han discutido sobre cuál de ellas es más real. En la historia europea, los científicos (especialmente aquellos de la Ilustración) han creído en la verdad objetiva y los artistas han preferido la verdad subjetiva. Hoy en día, los modernistas creen en la verdad objetiva y los postmodernistas se inclinan más por la verdad subjetiva.

Sin embargo, como he sugerido anteriormente, lo objetivo y lo subjetivo no pueden separarse el uno del otro. Tomemos el ejemplo de un escritorio. Cuando miro mi escritorio veo cuatro patas y una cierta forma y tamaño. Cuando tú miras mi escritorio, estarás de acuerdo conmigo en cuanto a la forma, el tamaño y el número de patas, a menos que mires desde un punto de vista diferente y sólo veas dos o tres patas. Si tomamos una regla y medimos las diferentes partes del escritorio, siempre que lo hagamos correctamente, nuestras medidas serán idénticas. Pero cada uno de nosotros también ve el escritorio subjetivamente. Cuando yo veo mi escritorio, veo la mesa de mi profesor de química y también veo al profesor mismo, el señor Corbett, de pie junto ella. Pero tú no ves eso porque no puedes. Ante mi escritorio, el hecho de que yo vea cuatro patas y al señor Corbett son parte de la realidad. Mi percepción y mis recuerdos no son objetivos, pero son reales- no objetivamente verdaderos, sino subjetivamente verdaderos. En ningún caso son falsos.

A menudo discutimos sobre qué parte de la realidad es cierta. Yo no creo ni en la verdad objetiva ni en la verdad subjetiva. Yo creo que toda la verdad es tanto objetiva como subjetiva. Podemos decir que tenemos una verdad correcta, la cual es objetiva, y tenemos una verdad no-correcta, la cual es subjetiva. Las dos deben ir juntas de una manera complementaria en la realidad. Si quieres construir un puente, tienes que abordarlo objetivamente tomando medidas físicas exactas en cada paso del proceso. Si lo haces así, al final del proyecto tendrás un puente real. Sin embargo no puedes enamorarte con precisión. El proceso es caótico. Pero una relación de amor no es falsa. Ni tampoco es objetiva. La objetividad del puente es la misma para todo el mundo, pero la subjetividad del enamoramiento es única y exclusiva. Una experiencia completa de la realidad sería enamorarse en un puente.

De la misma forma, la Biblia incluye dos clases de verdades. Una es la verdad correcta, la otra es la verdad no-correcta. Cuando la Biblia nos da hechos históricos, son hechos correctos. Los puedes investigar y verificar. Las parábolas de Jesús, en cambio, no son exactas. No se puede investigar el nombre del hijo pródigo porque nunca existió. Las parábolas no son verdades exactas sino que, como ventanas y puertas a la percepción de la realidad que son, resultan profundamente verdaderas. La gente puede alcanzar la verdad de las parábolas de una forma única desde cualquier punto de vista o circunstancia.

Hay otra manera de expresar un concepto completo de la verdad, diciendo que el hecho más el significado es igual a la Verdad. El hecho es objetivo y el significado es subjetivo. Cuando trabajo con estudiantes en diferentes temas, a menudo me preguntan: '¿Qué significa esto?'. Y ellos se llevan las manos a la cabeza cuando les pregunto: '¿Qué significa *el significado?*'

En el sentido más sencillo, 'significado' significa relaciones. Existe el hecho y existe una relación entre el hecho y otros hechos y esa relación es el significado. Un hecho aislado no tiene significado. El color rojo no tiene significado por sí mismo. Tan sólo tiene significado en su relación con el color azul, verde, o amarillo. De la misma forma, tú no tienes significado por ti mismo, sino por tus relaciones con otras personas y con tu entorno.

Según el relato de la creación en la Biblia, Adán no tenía significado en sí mismo. Cuando Dios hizo a Adán, dijo: 'No es bueno que el hombre esté solo'. Adán era tan sólo un hecho, objetivo, porque el suyo era el único punto de vista dentro de la creación. La subjetividad verdadera requiere más de un punto de vista. Dios hizo a Eva y entonces sí fue verdaderamente bueno. La subjetividad se convirtió en realidad en la creación (así como en el Creador), como resultado de la relación.

Observamos la misma expresión de lo que es significado en Dios. En la perfección original del tercer círculo tenemos tres personas, y esas personas no tienen significado por sí mismas.

El significado de Jesús no está en Jesús. Su significado está en su relación con el Padre y el Espíritu Santo. Lo mismo se puede decir de los otros dos- su significado está en su relación con cada uno de los otros. También ellos se ven el uno al otro desde un punto de vista diferente. Por ejemplo, el Hijo ve al Padre desde un punto de vista diferente del Espíritu Santo. Lo que ven es ligeramente diferente el uno del otro, pero cada uno ve perfectamente. Estas diferencias son una gran liberación. Significa que no tenemos que ser copias de otros; no tenemos que tener los mismos gustos. Puede haber verdadera variedad de puntos de vista y reacciones. La diferencia de perspectiva es parte de la realidad absoluta, de la perfección original.

Cuando descubrimos que la perfección original es así- un Dios real que es tanto subjetivo como objetivo- entonces no debería sorprendernos el experimentar subjetividad y objetividad en nuestra realidad. Ni deberíamos pensar que ninguno de ellos es la causa del sufrimiento, aunque a veces sí pensamos así. Una persona artística puede pensar que la verdad objetiva no tiene libertad y es por lo tanto la causa del sufrimiento. Un científico puede argüir que la subjetividad no tiene forma estable ni real y es la causa del sufrimiento. La Biblia describe una verdad absoluta que consiste objetivamente de un Dios y subjetivamente de tres personas. La objetividad y la subjetividad pertenecen la una a la otra en la realidad. Su relación no es competitiva sino complementaria.

Desafiando a la Gravedad

Otra pareja de opuestos que vemos en el mundo es la formada por la libertad y la forma. Una buena ilustración es la gravedad. La gravedad es una de las formas o estructuras básicas de la realidad, pero nos da cierta libertad. Si no hubiera gravedad y yo comenzara a caminar, empezaría a flotar y a girar, y muy pronto estaría muerto. La forma, o estructura, es necesaria. Déjame que te dé una ecuación para expresar esta idea:

Libertad total = muerte

No hay nada postmodernista sobre esta ecuación. El Postmodernismo, como se suele entender y practicar en el mundo occidental, considera la libertad como el valor más importante, y cree que el objetivo de la libertad es la diversión y el juego. Pero la libertad no puede en realidad ser valiosa o vivificante a menos que vaya acompañada de forma. Si quieres ser totalmente libre para volar, puedes subir a lo alto de un edificio y saltar. Puedes gritar: 'Soy libre', pero no lo serás, te matarás, porque no has respetado la estructura. Pero si estudias las distintas formas de la realidad – las leyes y propiedades que dan estructura y forma a la realidad, como lo son la gravedad, la aerodinámica, la termodinámica, la metalurgia, la propulsión reactiva, la tensión, el torque, etc.- entonces serás capaz de construir un avión y volar sobre el océano. Esa es una gran libertad, pero la libertad está completamente conectada con la forma. La libertad y la forma no son independientes la una de la otra en la realidad. Su relación es complementaria, más que competitiva.

¿Y qué diremos de Dios? Las tres personas de Dios le proporcionan formas particulares. Esas personas no tienen la misma forma. La forma del Padre es mandar y enviar. La forma del Hijo es obedecer e ir. Sus formas son opuestas en cierta manera, pero ambos son Dios. La forma del Espíritu Santo es revolotear sobre la creación, soplar como el viento y habitar, enseñar y capacitar a los seres humanos. Cuando cada una de estas personas es fiel a Su forma, Él también es libre de ser Dios. Pero si alguno de ellos no fuere fiel a Su forma, entonces la creación se destruiría, porque la creación depende de la forma del Creador. Si el Creador es infiel a Su propio carácter, el fundamento no existe. La libertad y la forma de Dios son ambas eternas. Ambas deben ser constantes a través de Su elección constante.

Por esta razón, Dios no es automático siendo como es. Él escoge el ser fiel a Su forma, y eso conlleva un precio. La forma más clara de ver este precio se encuentra en el episodio del Huerto de Getsemaní. Jesús, siendo fiel a la forma de Su promesa, ha entrado en la creación para morir por ella y de esa manera salvarla. Cuando llega el momento de hacer esto y se da cuenta de que no quiere hacerlo, hace oración al Padre diciendo: 'Por favor, si puede ser de otra manera, que así sea'. Mientras ora, le brotan gotas de sangre que caen al suelo. Está viviendo un estrés muy intenso. ¿Qué significa esto? Significa que está luchando. No es automático. Es Dios, trabajando, sirviendo, dando, orando, para ser Él mismo, para Sí mismo y para nosotros. No hay otro Dios así.

Si la forma y la libertad son parte de la perfección original, entonces no son la causa del sufrimiento. En otras palabras, aunque en la vida puede que la libertad o la variedad de formas nos hagan sufrir, no por ello encontraremos salvación simplemente deshaciéndonos de toda forma o estructura y concentrándonos sólo en la libertad y en sus posibilidades, porque todas son parte de la perfección original.

Cambio, Tiempo y Eternidad

El dinamismo es otro aspecto del tercer círculo. Dinamismo significa que las cosas no están estáticas. Cambian cuando se relacionan las unas con las otras. La realidad implica un antes, un durante y un después. En la primera carta de Pedro, se nos dice que antes de que el mundo fuera creado, el Padre eligió al Hijo para venir a salvar al mundo. O sea, antes de que existieran el espacio y el tiempo hubo un 'antes de la elección', un 'durante la elección' y un 'después de la elección'.

El dinamismo tiene lugar en dos matrices de sucesión. Me refiero a 'matriz' en el sentido de la película 'The Matrix'- un ambiente o contexto en el que suceden cosas. El agua es la 'matriz' o contexto del té, lo cual significa que el té se desarrolla en el agua. El ciberespacio es la matriz del e-mail, o sea, que los e-mails existen o tienen lugar en el ciberespacio. La matriz de la sucesión en el espacio es el tiempo, lo que significa que todo aquello que ocurre, ocurre en el tiempo. La matriz de la secuencia *fuera del espacio* es la eternidad. Mucha gente piensa que la eternidad es tiempo infinito, pero no es así como lo describe la Biblia. La eternidad es una matriz diferente de sucesión en la que cualquier punto en el tiempo está presente en cada punto de la eternidad. Gracias a esto la profecía es posible. Dios vive en la eternidad, y la totalidad del tiempo está presente en cada punto de la matriz dinámica de la eternidad.

La visión de la realidad absoluta es diferente de la que vemos en el Monismo y el Dualismo. El Monismo considera el dinamismo como irreal e ilusorio. El Dualismo considera la perfección original como la armonía de los opuestos, los cuales, si son absolutos y perfectos, deben seguir estáticos y sin cambio. En la filosofía Zen, se puede decir que *me sumerjo en el agua y no causo ondas, porque todo es constante todo el tiempo*. No hay movimiento.

El tercer círculo ve el dinamismo como una parte real y no-ilusoria de la realidad absoluta. Dios es dinámico y su creación es dinámica. Por esta razón, el dinamismo no se puede considerar como la causa del sufrimiento.

Yo y Nosotros

Otro elemento importante del tercer círculo y uno que a los cristianos les gusta enfatizar, es el que Dios es un Dios No puedo estar más de acuerdo con esta afirmación. Pero Dios no es un Dios personal porque yo personalmente crea en Él. No es un Dios personal porque yo tenga una relación personal con Él. Dios era un Dios personal antes de que yo naciera. El hecho de que Él sea personal es completamente independiente de la creación, y tiene raíz en el hecho de que hay tres personas que se relacionan la una con la otra.

De esta manera, la naturaleza de Dios nos enseña algo de cómo tenemos que entender la personalidad. La mayoría de los modelos psicológicos presentan la personalidad como una descripción del individuo. El mismo modelo ha sido adoptado por la Iglesia moderna, la cual a veces define al ser humano como cuerpo, espíritu y alma. El problema con esta idea es que se concentra en el individuo, mientras que la descripción bíblica de la persona enfatiza principalmente la relación. Vemos esta realidad en la naturaleza de Dios mismo, como personas distintas en una relación y también lo vemos al comienzo de la creación, cuando Dios creó a los seres humanos a su imagen y semejanza. Cuando Adán aún estaba solo- cuando tenía consciencia de sí mismo y de su alrededor y daba nombre a los animales- no era todavía personal porque no tenía ninguna relación dentro de la creación. Podía relacionarse con Dios fuera de la creación, pero dentro de la creación la imagen de Dios no estaba completa hasta que el 'yo' se convirtió en 'nosotros'. La imagen de Dios está basada en relaciones entre nosotros. Y en una relación correcta entre un hombre y una mujer como Dios diseñó, hay una tercera persona- un hijo. Dios es tres personas y Su imagen se revela en conjuntos de tres personas.

El énfasis en la relación no significa que el individuo no tenga importancia, o que la identidad individual se pierda de alguna manera. La individualidad se retiene por completo pero se entiende principalmente en el contexto de la relación. La personalidad es una relación de una consciencia consciente con otra consciencia consciente. Puede que sea difícil aceptar esta visión de la persona. Parece poner las cosas en un orden incorrecto. Muchos de nosotros preferiríamos definirnos a nosotros mismos, en primer lugar por nuestra identidad y características personales, y en segundo lugar por nuestras relaciones. Las primeras frases del evangelio de Juan nos dicen:

'En el principio era el Verbo, y el Verbo era...'

¿Cómo termina el versículo?

Los que no conocen el versículo esperan que diga:
'*...y el Verbo era Dios*'.

Pero no dice eso. Dice:
'*...y el Verbo era con Dios, y el Verbo era Dios*'.

Primero es la relación, luego la identidad. La relación precede a la identidad.

Tienes que servir a alguien.

Si la relación es una parte de la realidad absoluta, entonces no puede ser la causa del sufrimiento. La relación trae consigo un número diverso de elementos. Uno de ellos es la jerarquía. La jerarquía se refiere a relaciones de autoridad. Significa que algunos individuos tienen autoridad bajo ciertas circunstancias- tienen el poder y la responsabilidad de describir la realidad- mientras que otras personas están bajo esa autoridad. En nuestra cultura, la jerarquía parece algo malo. Es políticamente incorrecto. Desde una perspectiva bíblica, sin embargo, la jerarquía es parte de la naturaleza de Dios y por lo tanto tiene que ser una parte de la realidad misma.

Un ejemplo de jerarquía la encontramos en la relación entre padres e hijos. Los padres tienen autoridad sobre sus hijos pequeños. Tienen autoridad para decidir la hora de irse a dormir, la dieta a seguir y cuándo pueden jugar en la calle. Los niños pequeños necesitan esta autoridad que les describe la realidad para poder sobrevivir. Ellos todavía no pueden describir la realidad adecuadamente por sí mismos. En esta relación, ¿quién es más humano, los padres o los hijos? Dirás que ambos son igualmente humanos, por supuesto, pero con otra clase de relaciones es posible que dudes de la respuesta. ¿Quién es más humano, un jefe o un empleado? ¿Gente guapa y con éxito o gente fea y fracasada? ¿Gente rica o gente pobre?

Estas categorías nos confunden y pensamos que en relaciones de jerarquía, unos son más reales o válidos que otros. Esta idea, no obstante, pertenece a la cultura de un mundo caído. Pertenece a la Iglesia de un mundo perdido. No es la idea que Dios quiere que tengamos.

La jerarquía no implica desigualdad de valor o significado. En Dios, el Padre ordena y el Hijo obedece y ambos son igualmente Dios. El Hijo no es un dios aprendiz esperando obtener su certificado. No es un dios estudiante aguardando su graduación. Él es enteramente y eternamente Dios, y obedece. Esta visión de Dios no encaja con nuestra cultura actual porque pensamos que somos más humanos y estamos más vivos cuando mandamos y somos menos humanos cuando obedecemos. Eso no puede ser cierto si estamos hechos a la imagen de Dios. El obedecer es tan divino como el mandar, al igual que el obedecer es tan humano como el ordenar. La jerarquía y la autoridad se abusan, desgraciadamente, y este mal uso causa gran sufrimiento. Si la jerarquía es una parte de Dios, entonces no puede por sí misma ser la causa del sufrimiento. Bob Dylan lo expresó bien al cantar: 'tienes que servir a alguien'.

La Biblia describe cinco relaciones básicas de autoridad: marido y mujer, padres e hijos, dueños y sirvientes (o jefes y empleados), estado y ciudadanos, y, por último, ancianos y miembros de la Iglesia. Esto cubre la mayoría de las jerarquías de la vida. Dios, según la Biblia, nos ha dado esas relaciones, las cuales son buenas. Pero a la vez funcionan mal.

Sufrimos en todas estas relaciones. No funcionan como deberían. A veces, cuando vemos que una relación no va bien, pensamos que la solución está en eliminar esa relación. En el mundo occidental encontramos que el matrimonio es problemático. Mucha gente cree que el problema se puede resolver evitando el matrimonio. Pero yo no creo que eso sea una solución, porque esa relación nos la ha dado Dios.

No sirve de nada aparentar que el matrimonio es perfecto. Cuesta trabajo crear una relación de amor y apoyo mutuo. También debemos tener cuidado de no suponer que el marido, quien tiene la autoridad, es más valioso y más real que su mujer. No debemos suponer que el tener autoridad justifica el abuso de poder. La Biblia no nos da esa imagen. C. S. Lewis escribió un libro titulado 'Los cuatro amores' y una de las cosas que nos dice es que el marido y padre de familia debería llevar una corona, pero debería ser una corona de espinas. Esa me parece una buena ilustración. Lleva una corona y está sangrando. Sufre. Acarrea el peso. Ese es un equilibrio interesante, ¿no es cierto? En la misma Biblia, escuchamos a Pablo enseñando que el marido debe ser como Cristo para la mujer, lo cual significa que debería morir para hacerla hermosa. Esta es una imagen extrema. Y tampoco es políticamente correcta. No encaja en nuestro mundo y suena ridículo. Pero es lo que la Biblia nos enseña. Hay un conflicto entre lo que nos da la Biblia y el mundo en el que vivimos. Debemos considerar ese conflicto y luchar para encontrar el camino correcto.

Mira, papá, mira.

Otro aspecto de la relación en el tercer círculo es la necesidad. Todos tenemos necesidades. Necesitamos comer y beber, estar abrigados, vivir bajo un techo, pero más profundamente que esto, tenemos la necesidad de ser vistos. Los niños nos lo demuestran cuando gritan continuamente: 'Mira, papá, mira'. Si tienen que elegir entre comer la comida o que mire papá, tener la atención del padre siempre gana porque es una necesidad más básica. El ser vistos por mamá, papá u otra persona significante es más importante que el comer. Y si papá y mamá no miran porque están siempre en el trabajo o divorciados o borrachos o en la cárcel o muertos, o siempre de viaje misionero, entonces esta necesidad no se ve satisfecha y el hijo sufrirá y se distorsionará. Esto es aplicable a todos nosotros.

También necesitamos que se nos escuche. Incluso antes de que un niño sepa hablar, ya balbucea y hace ruidos para que le oigan. Los niños sufren cuando no se les escucha. Como adultos, necesitamos que la gente nos escuche cuando hablamos, incluso si no están de acuerdo con lo que decimos. El no ser escuchado es tremendamente frustrante. Empobrece nuestra humanidad.

También necesitamos dejar nuestra huella y tener un impacto en el mundo. Cuando un niño hace una torre con unos bloques, ya no son lo mismo que eran antes. Han cambiado. 'Yo hice eso', piensa el niño y entonces los tira al suelo. Otra vez es diferente. A veces las necesidades del niño son un inconveniente, como cuando pinta las paredes con pintalabios, pero aun así puedes entender su necesidad de marcar la diferencia. Esta necesidad se mantiene a todo lo largo de nuestra vida. Si partimos pan, necesitamos que alguien se lo coma. Si construimos una casa, necesitamos que alguien viva en ella. Los sitios donde yo he vivido y trabajado no deberían ser lo mismo si yo no hubiese estado allí. Así es como Dios nos hizo.

La necesidad de ser querido está relacionada con todas estas necesidades. Necesitamos que la gente nos diga: 'Ven conmigo, con nosotros, te necesitamos'.

¿Por qué tenemos estas necesidades? ¿Es el resultado del pecado? ¿Proceden del diablo? ¿Son tentaciones? Puede que digas que tenemos estas necesidades porque somos humanos, pero, ¿quién puede definir qué es ser humano? Conforme al tercer círculo, los seres humanos están hechos a semejanza de Dios. Sus necesidades proceden de Dios porque Dios tiene esas necesidades. ¿Has pensado alguna vez que Dios pudiera tener necesidades? No se trata de que Dios necesite algo de *nosotros,* sino que más bien tiene necesidades entre las tres personas de Sí mismo y exactamente las mismas necesidades que tenemos nosotros- ser visto, ser oído, marcar una diferencia, ser querido. Pero Dios no sufre estas necesidades. Para Él, tener estas necesidades es puro *gozo* porque las necesidades son la base de la confianza y el amor.

Antes de que existiera la creación, cuando sólo existía Dios, ya había confianza y amor en la realidad porque ya había una satisfacción de la necesidad de ser visto, oído, necesitado y querido. Cada una de las tres personas de Dios satisface la necesidad de la otra persona, y lo hace mediante el acto de darse enteramente a Sí mismo por los otros. Jesús se da a sí mismo al Padre y al Espíritu Santo. Por esta razón, para Jesús, el centro de la realidad no está en Jesús, sino en el Padre y en el Espíritu Santo. Cada una de las personas de Dios está igualmente centrada en las otras y no en Sí misma. Así es como la Biblia describe la realidad: un Dios completamente centrado en el otro. Esta habilidad de centrarse en el otro es la fuente de la energía de Dios, pues así como cada una de las personas divinas se derrama una vez, las otras Le llenan dos veces. Esta energía se incrementa exponencialmente, haciéndose tan grande que Dios pudo decir: 'Sea la luz' y así nació un universo. La Biblia da nombre a esta energía cuando dice que *Dios es amor*. Es un vaciarse y llenarse en otro, un desarrollo de energía perpetuo. Es la energía de la vida; el fundamento de la realidad.

Notemos que la Biblia no dice solamente que Dios es amante o que ama, aunque esto es cierto. Es más radical- Dios es amor. Notemos también que dice 'Dios es justo', pero no dice 'Dios es justicia', porque es también misericordioso. Y no dice 'Dios es misericordia' porque también es justo. Sin embargo, cuando dice 'Dios es amor' no contrasta esto con ninguna otra cosa. El amor es la realidad total de lo que Dios es.

Así como Dios está totalmente centrado en otro, nosotros también fuimos destinados a ser así. Cuando Adán estaba solo en la creación, Dios vio que no era bueno, por lo tanto creó a Eva. Fue entonces cuando la identidad de Adán pudo estar en una relación totalmente fuera de sí mismo. El centro de Adán no estaba en Adán, sino en Eva y en Dios. El centro de Eva no estaba en Eva, sino en Dios y en Adán. La creación reflejaba al Creador. Es por esta razón que nosotros, como Dios, seguimos teniendo necesidades y es por esta razón por la que anhelamos que se satisfagan esas necesidades dentro de relaciones de amor y confianza los unos con los otros y con Dios.

Si las necesidades forman parte de la perfección original, entonces no pueden ser la causa del sufrimiento. Puede que suframos cuando no se satisfacen nuestras necesidades, pero las necesidades no son, en sí mismas, la razón fundamental por la que las cosas no van bien en el mundo.

Hasta ahora, junto con las necesidades, hemos considerado la unidad y la diversidad, la objetividad y la subjetividad, la predestinación y el libre albedrío, la forma y la libertad, el dinamismo, la personalidad y las relaciones y la jerarquía- y ninguna de ellas, según el tercer círculo, es la causa real del sufrimiento en nuestro mundo.

Entonces, ¿qué es? ¿Y cuál es la solución?

Un agujero negro en el corazón

En el libro de Génesis se nos dice que Dios puso el árbol del conocimiento del bien y del mal en el Jardín del Paraíso con Adán y Eva. Y Dios dijo: 'No comáis el fruto de este árbol. No debéis conocer el bien y el mal por vosotros mismos. Debéis confiar en que yo os lo diga'.

Os preguntaréis por qué Dios les dio la opción de comer la fruta. ¿Por qué no impidió que lo hicieran? ¿Por qué no puso una valla electrificada alrededor del árbol del bien y del mal? La razón, como dije antes, es que Dios no es automático y por lo tanto su creación no puede ser automática tampoco. De la misma manera que Dios es libre para escoger, y siempre escoge ser fiel a sí mismo, también a nosotros, como imagen de Dios, se nos da la misma opción- elegir creer en Él y depender de Él. Por eso existe la posibilidad de una mala elección.

Debería advertir que, si Dios no es automático, la posibilidad de que *Él* se equivoque también existe. No existe nadie detrás de Dios que le fuerce a cumplir sus promesas. Dios mismo ha de escoger cumplirlas. Como dije antes, podemos apreciar la posibilidad de escoger mal viendo lo que pasó en el Huerto de Getsemaní. Si no existiera la posibilidad de que Jesús fracasara en sus promesas, entonces no hubiera sudado sangre. No hubiera orado: 'Por favor, si puede ser de otra manera, que así sea'. Encontramos la misma posibilidad unos años antes cuando Jesús fue tentado por el diablo mientras estaba en el desierto. La tentación hubiera sido totalmente irrelevante si no hubiera habido una posibilidad de fracaso. Nuestra confianza en Su fidelidad está cimentada en el hecho de que Él nunca ha roto sus promesas e incluso murió para poder mantenerlas.

Por lo tanto, el origen de la posibilidad de la maldad está en Dios, pero en Él no hay maldad. Las criaturas que creó a Su imagen también poseen esta posibilidad y sus decisiones han resultado en tragedia muchas veces. El ejemplo más conocido es el diablo. Por un tiempo, él había sido el ángel más hermoso, pero decidió volverse contra Dios. ¿Te has dado cuenta de que el diablo es una persona sola, mientras que Dios son tres personas? El diablo es *una persona* porque está centrado exclusivamente en sí mismo. Es este egocentrismo lo que le convierte en totalmente malvado.

Según relata el Libro del Génesis, el diablo se acercó a Eva en el Jardín del Paraíso y le dijo: '¿Dios te dijo que no podías comer de ningún árbol?' Eva respondió: 'No, podemos comer todo lo que queramos, excepto de aquel árbol' Y el diablo respondió: 'Si comes de aquel árbol serás como Dios, que conoce el bien y el mal, y tú también conocerás el bien y el mal. No tendrás que molestar a Dios para que te diga lo que es bueno o malo; tú misma lo sabrás.

Podrás ser independiente. Podrás ser una mujer liberada'. Esto atrajo a Eva. Ella era inteligente y tenía un espíritu aventurero. Miró de nuevo al árbol y vio que la fruta era muy apetitosa y supo que si la comía obtendría el conocimiento del bien y del mal y sería autosuficiente. No necesitaría que Dios le dijera nada.

Después de comer la fruta, Eva le dio a Adán para que comiera también. En aquel mismo momento, ambos murieron. No me refiero a que tuvieran un ataque al corazón y fallecieran. Me refiero a su relación y a su identidad. Se dieron cuenta de que estaban desnudos. Supieron que eran una amenaza el uno para el otro. La confianza desapareció. No confiaban en Dios y no podían confiar el uno en el otro. Cuando murió su relación, murieron ellos. Su auténtica identidad no había estado en sí mismos, sino en su relación.

Adán y Eva se dieron cuenta de que tenían un problema y a veces pienso que podían haberse dado la mano y buscado a Dios para decirle: 'Padre, tenemos un problema, ¿puedes ayudarnos?'. Pero no hicieron eso porque se habían vuelto locos. Su pensamiento estaba ahora fundamentalmente distorsionado y enfermo. En vez de ir al Creador en busca de una solución, se volvieron a la creación. Encontraron hojas de higuera y las cosieron para esconder su sexualidad, quizás porque eso era lo que les perturbaba y lo que les amenazaba más. Vemos el nacimiento del naturalismo cuando ellos se vuelcan en la creación en busca de una solución. El naturalismo cree que podemos encontrar soluciones a nuestros problemas en el mundo físico.

Dios entró en el jardín y llamó a Adán. ¿Por qué quería hablar con Adán si era Eva la que dio el primer bocado? Aquí podemos apreciar la función de la jerarquía. Adán estaba con Eva cuando lo hizo, y él era responsable de ella. Por esta razón, Dios quiere saber qué ha pasado de la boca de Adán. Eso no es políticamente correcto, pero así es como lo hace Dios.

Cuando confronta a Adán, Dios hace una pregunta maravillosa: '¿Dónde estás?' Recordemos que Dios lo sabe todo. La pregunta no busca información. La pregunta es para que Adán se pregunte a sí mismo dónde está. Adán da una buena respuesta cuando contesta: 'Estoy en el temor y en la desnudez, escondido'. Esa era la realidad. Esa era su situación.

Entonces Dios hace otra pregunta: '¿Quién te dijo que estabas desnudo?'. En otras palabras: '¿Quién es tu fuente de información y por qué lo has creído?'. También pregunta: '¿Has comido la fruta que te dije que no comieras? ¿Te causaste esta desnudez y este temor y esta huida a ti mismo?'. La respuesta de Adán, en este caso, no podía haber sido peor. Dijo: 'La mujer que me diste me ofreció la fruta. Es tu culpa y su culpa. Soy una víctima'.

Es aquí donde comenzaron la persecución y la negación. 'No soy responsable, soy una víctima. No necesito ser perdonado; tengo mis derechos. No necesito confesar ni arrepentirme'. Esta actitud sigue siendo muy común en el género humano.

Dios hizo abrigos de las pieles de animales y los vistió. Mató al inocente y cubrió a Adán y a Eva con la sangre del inocente. Era una profecía visual de la Crucifixión. Tanto aquí como en muchos otros episodios descritos en la Biblia, podemos ver cómo el Dios del tercer círculo no es un Dios pasivo y silencioso. No es un elefante de la Nueva Era. Es un Dios activo y comunicativo. Desde el principio, está completamente comprometido con su creación y está obrando fielmente para salvarnos.

La salvación es necesaria porque desde que Adán y Eva fueron infieles hemos estado viviendo en una condición de egocentrismo. La condición humana ha explotado como una supernova- como una estrella gigantesca que se expande y luego se contrae y se desploma en un agujero negro, cuya gravedad es tan fuerte que ni la luz puede escapar. Todo es absorbido dentro de este agujero negro. El egocentrismo es lo que significa estar muerto. Es lo que significa ser un pecador. Es una situación desastrosa y, según el tercer círculo, es la causa del sufrimiento en el mundo.

La Solución

¿Cómo pues saldremos de este lío? La solución es que el Creador mismo se introduce en la creación y se convierte en uno de nosotros, un ser humano de carne y hueso. De ahí el nacimiento de Jesús: *¡Feliz Navidad!* Y estando en la creación y siendo el Creador, en tiempo y eternidad, natural y sobrenatural, humano y divino, inmanente y transcendental, hace una cosa: derrama su vida, se vacía completamente. Literalmente. Sacrifica su vida, dejando que claven su cuerpo a una cruz de madera, para que Su sangre pueda ser derramada por otros. Jesús se dio a sí mismo, se derramó a sí mismo, no para sí mismo sino para otros. Fue y continúa siendo el acto más asombroso y generoso de toda la historia.

La crucifixión de Jesús no fue tan sólo una idea. No fue un gesto simbólico. Fue un despojarse de una manera física y real, un vaciarse por completo por otros. Jesús nos salvó con Su sangre. Estando nosotros quebrantados, Dios vino a la creación y se despojó de Sí mismo. El poder de ese vaciamiento, que es el morir al 'yo', mata a la muerte. La muerte fue muerta en la cruz. La muerte que Jesús padeció no fue causada por el pecado, ni por el egocentrismo. La muerte que padeció Jesús encuentra su razón de ser en el amor perfecto, y se convierte en una muerte perfecta y victoriosa.

Este comportamiento es típico de Dios. Es Su naturaleza básica. Dios es amor y el amor, según la primera Carta de Juan, es un sacrificio expiatorio. La expiación significa hacer *posible el estar juntos*. Nuestro pecado, o egocentrismo, nos separa de Dios, de otras personas y del resto de la creación y Jesús vino a expiar nuestros pecados para que podamos estar juntos otra vez. Jesús nos enseña lo que significa estar hechos a imagen de Dios.

Notemos que Jesús no murió en la tierra ni tampoco en el cielo. Estaba clavado a una cruz, suspendido en el medio, tendiendo un puente entre el cielo y la tierra. Por entonces los emperadores romanos recibían el título de Pontifex Maximus, el Gran Constructor de Puentes, pero este título es más apropiado para Cristo crucificado, el cual conecta al Creador con la creación, la eternidad con el tiempo, lo inmanente con lo transcendental, uniendo todas las cosas con el poder de Su palabra y de Su sangre, creando una realidad nueva. La realidad ha sido dividida por el pecado y Su cuerpo es el puente que cruza la división. Así es Jesucristo. Así es el Dios-hombre.

El resultado de la muerte de Jesús fueron tres días en la tumba, un terremoto, la oscuridad y la resurrección. La resurrección no fue un reavivamiento de un cuerpo muerto. El cuerpo resucitado de Cristo no fue como el cuerpo de Lázaro, que volvió a morir, sino que fue un cuerpo glorificado para vivir eternamente.

La Biblia nos dice que aquellos que reciben el poder de la sangre de Jesús también serán renovados. Dios es un Dios de elección y nosotros, como gente hecha a Su imagen, somos gente de elección y por lo tanto debemos elegir para recibir el poder de esa renovación. No consiste en un cambio de opinión ni unirse a un club. Es un cambio radical del ser. Cuando elegimos recibir el poder de la sangre de Jesús somos hechos nuevos. Pasamos de ser criaturas egocéntricas muertas a criaturas vivas centradas en los demás. La expresión que utiliza la Biblia para describir este cambio es 'nacer de nuevo'. Cuando nacemos como bebés, no podemos retroceder ese proceso y, con el tiempo, morimos. Cuando nacemos de nuevo por la sangre de Cristo no morimos ni podemos retroceder el proceso de la vida. Nos convertimos en criaturas nuevas que pertenecen a un cielo y una tierra nuevos. Somos hechos nuevos en el poder de la crucifixión. Ya no somos egocéntricos, individuos muertos, sino que somos recreados en personas vivas cuyo centro está en otros.

Una vez que hemos nacido de nuevo, el resto de nuestra vida es un proceso de ajuste a ser personas centradas en otros. Crecemos en el amor. Nuestra vida se agranda y se enriquece. Esa es la imagen que nos da la Biblia. No es una imagen que vemos mucho en el mundo. No la vemos mucho en nosotros mismos, ni en la Iglesia, pero representa lo que Dios desea vehementemente para nosotros. Es un poder real que está a nuestra disposición en Jesús, en este mismo momento- convertirnos en criaturas nuevas, transformadas, renacidas, derramando nuestra vida y perdiéndola para de esa manera encontrarla de nuevo.

Esa es la solución cristiana para el sufrimiento.

o   o   o

En pocas palabras

Hemos estudiado tres círculos, o tres visiones del mundo absolutas. Cada una proporciona una esperanza única al problema del sufrimiento. En el primer círculo, la perfección original es una unidad perfecta total y sufrimos porque tenemos la ilusión de diversidad. La salvación consiste en despertarse y conseguir esa unidad otra vez. En el segundo círculo, la perfección original es la armonía perfecta de los opuestos. Sufrimos debido al desequilibrio y la discordia que hay en la realidad. La salvación se consigue al restaurar la armonía y el equilibrio a través de varios métodos y terapias. En el tercer círculo, la perfección original es una unidad de tres personas que están centradas en el otro en una relación real de amor. Sufrimos porque hemos cambiado el orden de las cosas y nos hemos convertido en personas egocéntricas muertas. La salvación implica que Dios viene a la creación y se da a sí mismo para que podamos recibir el poder de ser re-creados en personas vivas centradas en otros.

¿Qué opinas? ¿Dónde estás tú?

45 PREGUNTAS

El hacer preguntas honestas es señal de vida. A lo largo de los muchos años que llevo hablando y dando conferencias sobre los tres círculos, me han planteado cientos de preguntas. Estas preguntas no tienen precio, pues conectan a la gente de forma práctica y directa con mis enseñanzas y nos alejan de respuestas artificiales. Crecemos y aprendemos cuando hacemos preguntas.

Mi deseo es que las siguientes preguntas, traducidas de varios idiomas, estimulen vuestro pensamiento y provoquen más temas de discusión entre vosotros.

o o o

¿Crees realmente que es posible simplificar un tema tan complejo y enorme como lo es el cosmos en uno de tus tres círculos?

No, no es posible. Los tres círculos son grupos de símbolos enormemente reduccionistas. Espero que sean útiles, pero no son suficientes. La verdad objetiva en forma de símbolo no es suficiente para expresar la Verdad. La verdad es también subjetiva, lo que significa que para producir la realidad las explicaciones simbólicas han de combinarse con tu propia experiencia personal. No te conviertes en cristiano simplemente con pensar en Jesús, como tampoco puedes pensar en el matrimonio y estar de repente casado. La realidad de estar casado es más grande que cualquier símbolo. Con todo eso, los símbolos nos pueden ayudar.

¿Cuál es la visión Monista de la evolución espiritual?

En la mayoría de los casos, la gente del primer círculo concibe al ser humano como un nivel elevado de consciencia que ha evolucionado de una fuerza de vida la cual se manifiesta en formas cada vez más complejas de auto-consciencia. Los animales, como las moscas o los gusanos o las ratas, no poseen consciencia individual. El ser humano tiene consciencia individual y toma decisiones como un individuo. El ser humano también se reencarna en la misma consciencia, aunque sin darse cuenta del pasado, mientras que la consciencia de la rata o de la mosca se disuelve en el inconsciente cuando muere. Aunque otras formas de vida también sufren, sin embargo, no tienen la oportunidad de conseguir la unidad y detener el sufrimiento hasta que evolucionan y se concentran en consciencia humana individual. Ser humano tiene gran valor dentro de la realidad total. El ser humano es capaz de experimentar la iluminación. La creencia en miles de reencarnaciones del ser humano hace que la gente del primer círculo sea más paciente. Si no consigues algo en esta vida, no te preocupes, porque tienes otra vida. Esta actitud puede reducir estrés y calmarte, lo cual es muy saludable. De todas maneras, tenemos que considerar las cosas dentro del contexto de lo que es real y preguntar: '¿Pagamos un precio demasiado alto por la terapia que experimentamos?'.

¿Cómo ve el matrimonio la gente de religiones monistas?

En el primer círculo, el matrimonio se entiende como algo provechoso en las primeras etapas del desarrollo humano, porque el matrimonio es una forma de unirse y convertirse en uno. Pero cuando estás muy avanzado en tus reencarnaciones, te vas a vivir a un monasterio. Hay gente muy religiosa en la India que se casa y tiene hijos y negocios, pero que cuando sus hijos dejan el hogar se separan y venden el negocio; él se va a un monasterio y ella a un convento. Se liberan el uno al otro para su progreso, porque se dan cuenta de que se han convertido en un estorbo para el otro. En el matrimonio han vivido una unión, pero es a la vez una atadura. Tienen que separarse para aumentar en naturaleza Buda o consciencia-Krishna.

¿Cómo explica la gente en religiones monistas el incremento o los cambios en la población humana?

El nacimiento de más seres humanos en la tierra refleja el movimiento de más grupos de formas de vida hacia una consciencia humana individual. Esas consciencias individuales se manifiestan en el nacimiento de bebés. Un recién nacido puede ser alguien que nace por milésima o por primera vez. El bebé puede ser mucho mayor que sus padres en cuanto a progresión evolutiva. Esto podría explicar el genio de Mozart; él podría haber sido una persona mucho más mayor con mucha experiencia. La población humana puede crecer o disminuir, según la sabiduría de los Señores del Karma. Los seres humanos funcionan de acuerdo con las decisiones de los Señores del Karma, que tratan con tantas variantes que nos son imposibles de comprender.

Has sugerido que en el Monismo no existe lo correcto o lo incorrecto. ¿No reconoce la idea de Karma los conceptos de correcto e incorrecto y por lo tanto una estructura moral general?

El Karma funciona dentro de la ilusión de 'maya', de diversidad, de particularidad y de relaciones. En esa ilusión hay situaciones positivas y negativas, energías y vibraciones que están establecidas y creadas y que necesitan armonizarse para que se realice la naturaleza-Buda o la consciencia-Krishna. El Karma es un proceso sumamente rico y complejo. La meta final es el ser liberado en la naturaleza-Buda o consciencia-Krishna. Este proceso, sin embargo, puede ocurrir de diversas maneras. Pongamos el ejemplo del asesinato. Si yo asesino a alguien en esta vida, es posible que yo sea asesinado en mi próxima vida, o, por el contrario, me dedique a salvar vidas. Ambas posibilidades pueden producir un equilibrio en mi karma, a pesar de que las dos posibilidades son diferentes. Una es pasiva y resulta en muerte, la otra es activa y resulta en vida. El Karma no es un sistema judicial de castigo. Tiene algunas de sus características, pero hay elementos mayores entrelazados, por lo que no se puede entender únicamente en términos morales. Es mayor, más amplio y rico que eso.

Dijiste que en la visión del mundo Monista las relaciones son malvadas, y el amor también es malo, porque es una relación. Si este es el caso, ¿por qué se enfatiza tanto la compasión en el Budismo?

Tu pregunta iguala la compasión con el amor, lo cual no es correcto. El amor implica una relación, pero la compasión es una realización de la unidad y la identidad. Cuando tengo compasión de alguien, apoyo su progreso hacia la realización de la naturaleza-Buda o consciencia-Krishna a través de sus muchas vidas reencarnadas. Permíteme un ejemplo. Si una persona nace a una vida de sufrimiento, es posible que esté desarrollando su karma basado en la sabiduría de los Señores del Karma sobre qué es lo más provechoso para esa persona. Por esta razón, si veo que esa persona está sufriendo, debo evitar el ayudarle porque entiendo que, si intervengo, quizás esa persona tenga que volver a sufrir otra vez. Esta es la lógica en la que se basa la doctrina budista de la no-interferencia. Puede que parezca cruel no ayudar a una persona que está sufriendo, pero en el contexto de la reencarnación es posiblemente la cosa más compasiva que podamos hacer, porque al no interferir en el sufrimiento de esa persona estamos permitiendo que esa persona equilibre su karma. La idea cristiana del amor es muy diferente, porque el contexto en el que ocurre es muy distinto. Sólo hay una vida en la cual se concentra todo el significado de nuestra existencia y de nuestras elecciones. También hay una creencia fundamental en la realidad eterna de las relaciones. El amor de Cristo es un amor de relaciones, de ver cara a cara, de animarnos mutuamente a ser nosotros mismos como nos hizo Dios. La pobreza y el sufrimiento son considerados distorsiones de la intención de Dios para la vida humana y son cosas contra las que hay que luchar. Los cristianos tienen la misión de aliviar el sufrimiento de otros y respetar la vida individual de las personas. Así que, la compasión y el amor no son sinónimos, aunque se interpreten de esa manera en nuestra cultura. La Biblia menciona la compasión, pero está íntimamente ligada al amor.

El Budismo reconoce que la depresión y otras formas de sufrimiento emocional están relacionadas con el narcisismo, el egoísmo y una obsesión con uno mismo, y provee métodos para tratar este sufrimiento. ¿De qué manera nos ayuda el Cristianismo a entender el sufrimiento emocional y la curación?

En muchos casos, la idea de que la depresión y el sufrimiento emocional son el resultado del narcisismo y del egoísmo es muy correcta. La misma idea fundamental puede ser hallada en la Biblia. Sin embargo, las perspectivas budistas y cristianas difieren en cuanto al contexto del sufrimiento y a su curación. Para los budistas, la elección está entre el yo y el YO, entre el yo individual egocéntrico y el YO universal de la naturaleza-Buda. La elección cristiana está entre el egocentrismo y el estar centrado en otro. Como resultado, la solución budista al sufrimiento tiene como objetivo disolver el yo en un YO absoluto. La solución cristiana tiene como objetivo el reorientar el yo hacia otros- hacia otras personas y hacia Dios. El yo individual se conserva, no se disuelve, se sanea y desarrolla a través de una relación de amor con el resto de la realidad. Este es el significado básico de la salvación a través de Jesucristo. El Cristianismo valora la necesidad de curar la depresión, al igual que las prácticas de curación en general (tanto budista como cualquier otra), pero no sacrificaría la realidad única de la persona, de Dios, o la realidad de amor, a cambio de la sanidad o la liberación del sufrimiento.

La gente de la Nueva Era (New Age) enfatiza el poder que posee el creer en algo. ¿Qué opinas de ello?

Si lo entiendo bien, la idea es que creamos la realidad a través de nuestro pensamiento. Si pensamos negativamente, creamos una realidad negativa y si pensamos positivamente producimos una realidad positiva. El pensar positivamente en términos bíblicos siempre ocurre en el contexto de Jesús. No se trata de que *nosotros* creamos una realidad sino que confiamos que Dios *nos creará* la realidad que necesitamos para que podamos llevar a cabo Su propósito en nuestra vida. Puede que lo que Él haga nos guste, o quizás estemos incómodos con ello. En cualquier circunstancia tenemos que estar agradecidos, confiar y trabajar con lo que Dios nos da.

Si los niños colorean mándalas en el colegio, ¿se verán atraídos hacia el Hinduismo?

Puede que sí, pero no se verán más atraídos hacia el Hinduismo por colorear mándalas que hacia Jesús por colorear cruces.

¿Es la meditación peligrosa para los cristianos?

Es diferente para cada persona. Para algunos, puede que sea terapéutica. Para ciertas condiciones psicológicas puede ser muy peligrosa. También es muy peligroso si pensamos que la meditación perdona nuestros pecados, o que nos proporciona nuestra auténtica identidad; o si meditamos en vez de orar.

¿Existe una práctica de meditación cristiana?

La expresión 'Práctica cristiana de la meditación' está asociada con una enorme historia y práctica ideológicas para las cuales no tenemos tiempo aquí. Permíteme que reduzca la pregunta a una consideración más específica de la práctica *bíblica* de la meditación. Mientras que la meditación oriental busca el detener la mente, la meditación bíblica empieza con un contenido sobre Dios, lo mantiene en la mente sobre una red y permite que el Espíritu Santo toque mi mente con ello. Entonces la persona piensa y ora sobre la conexión que ha experimentado. La meditación bíblica no es direccional y no tiene un plan fijo. Es más pasiva y receptiva que el pensar, pero está relacionada con el pensamiento.

El Ateísmo es una visión del mundo muy común hoy en día. ¿Dónde encaja dentro de tus tres círculos?

El Ateísmo es la creencia que niega la existencia de Dios y cree que todo se ha originado por casualidad de la sustancia material del universo. Muchos ateos creen que el universo comenzó con una singularidad o la unidad de toda la energía en un punto concreto que explotó en un suceso llamado 'Big Bang'. Tras el Big Bang, o gran explosión, se cree que la diversidad entró en el universo a través del surgimiento de varias leyes y fenómenos físicos, incluyendo las estrellas, los planetas y por último la Tierra con sus diferentes características, incluyendo la vida biológica tal y como la conocemos. Ninguno de estos hechos físicos puede tener un significado absoluto en el Ateísmo. Los ateos pueden llegar a experimentar una *sensación* de sentido a través del significado de vivir, o de tener relaciones significativas, o de puestas de sol y montañas con significado, pero si no hay un significado real absoluto en el universo- si el universo es una cosa accidental impersonal- entonces ninguna de las cosas que ocurren en el universo pueden ser absolutamente significativas tampoco, a pesar de lo mucho que sintamos o creamos en ellas. En un universo ateo, el significado es esencialmente una ilusión. Aunque los ateos no se consideren monistas, podemos ver las similitudes en sus puntos de vista: el universo comienza en un estado de unidad, entonces da lugar a una diversidad que es, de hecho, una ilusión. La gente del tercer círculo, por otro lado, supone que el universo y todo lo que hay en ello es absolutamente significativo porque fue creado por un Dios que es intrínsecamente significativo. La vida, como resultado, no es fundamentalmente una ilusión. Me da la impresión de que se necesita más fe para ser ateo que para ser cristiano, porque tienes que mantener la idea de que una realidad ciega, sin significado, sin propósito, amoral, indiferente y sin dirección ha producido seres humanos que son lo opuesto a estas características. Una suposición más simple es que las características de humanidad son una expresión de algo inherente dentro del mismo universo y de algo que precede al universo. Podemos parafrasear lo que dice la Biblia: *en el principio era la Información.*

Yo creo que la atracción del ateísmo para mucha gente es la liberación del peso de tener que pensar seriamente *el por qué* de su existencia. También les libra de ideas de culpa o de pecado. Si no existe un significado absoluto, no puede haber justificación real para sentimientos de culpa o para creer en el bien y el mal. En este sentido, la falta de un significado absoluto en categorías como el bien o el mal convierte al Ateísmo en algo muy similar al Monismo. Algunos ateos también creen que, después de expansionarse por un tiempo, el universo volverá a ser una singularidad, o unidad total, lo cual no es disimilar a la opinión monista. Otros ateos, sin embargo, creen que el universo continuará extendiéndose para siempre. Dadas las muchas similitudes entre el Monismo y el Ateísmo, yo diría que el Ateísmo se puede considerar como una parte o variante del primer círculo.

Los Cristianos a veces adoptan una postura defensiva cuando ven algo bueno en los que no son cristianos. Un ejemplo de ello sería: Bueno, estuvo muy bien que esos ateos contribuyeran a una buena causa, pero: no tienen a Jesús/van a ir al infierno al final/otra frase parecida que quite importancia al bien que ha hecho otro ser humano. ¿Has observado esta actitud hacia actos de buena voluntad de no-cristianos, y qué opinas de ello?

Sí, he visto esa actitud, pero por fortuna menos frecuentemente ahora que hace unos años. Creo que en el reino de Dios está fuera de lugar no reconocer el bien cuando lo vemos y no creer que todos los seres humanos tienen eternidad en sus corazones. Fundamentalmente, no se puede agradar a Dios sin fe, pero creo que es posible expresar su imagen de muchas formas, a veces más correctamente por el que no es cristiano que por el que lo es. Pero esas expresiones del bien, si no están contextualizadas y completadas por Jesucristo, no están integradas. Están incompletas y desunidas. La bondad del cristiano, aún en aquellos casos cuando es menor que la del no-cristiano, se completa en Cristo. Según el escritor del Libro a los Hebreos, Cristo es el que 'sustenta todas las cosas con la palabra de Su poder' (Hebreos 1:3). De cualquier manera, el burlarse y ridiculizar los actos de bondad de otras personas no tiene lugar en el reino de Dios. Sí cabe el admirar, alabar y reprender.

¿Te ha beneficiado el contacto con ateos?

Sí. Creo que he aprendido algo de los ateos sobre lo que significa ser humano y hecho a la imagen de Dios- en particular de aquellos que practican la paciencia y la disciplina de una forma diferente a la mía, y de aquellos que practican la creatividad, el coraje y la aceptación de la vida mejor que yo. Así que he aprendido de algunos ateos sobre lo que significa ser un humano. No aprendo de ellos lo que significa el perdón de los pecados o el estar completo en Cristo, pero he aprendido muchas otras cosas.

¿En cuál de los tres círculos se sitúan las visiones del mundo animista y chamánica? ¿Dónde pondrías el Judaísmo y el Islam?

Recordemos que los círculos son reduccionistas y sistemas aproximados. Abordan los aspectos fundamentales de las diferentes visiones del mundo más que sus detalles superficiales. Teniendo esto en cuenta, yo sugeriría colocar el Animismo y el Chamanismo en el primer o segundo círculo, o una combinación de los dos, según lo que practiquen o entiendan los individuos. El Judaísmo, tal como lo hallamos en el Antiguo Testamento, o en la Torá, encajaría en el tercer círculo. En el relato de la creación Dios habla consigo mismo, y más tarde se aparece a Abraham como tres hombres. Encontramos a la Trinidad completa en el Antiguo Testamento. Sin embargo, en el entendimiento y la práctica del pensamiento judaico podemos apreciar una tendencia hacia el primer círculo. El Corán es básicamente el primer círculo. Alá es uno. Él no es intrínsecamente relacional. Si Alá quiere hablar con alguien y funcionar como un dios personal, entonces tiene que crear a alguien con quien hablar.

Puede que haya personas que se pregunten por qué preocuparse sobre una visión del mundo. ¿Por qué no vivir la vida lo mejor posible? ¿Qué piensas sobre esta actitud?

Hasta cierto punto se puede vivir así, sin una dirección particular o un contexto. No se podrían tener fuertes convicciones ni un propósito comprometido, porque no creerías en el bien o el mal, lo apropiado o lo inadecuado, y es posible que se termine creyendo que 'lo bueno es lo que se siente bueno y lo malo es lo que se siente malo, y yo soy el juez. Yo soy Dios'. De la misma manera, el vivir la vida 'lo mejor que se puede' implica una cierta visión del mundo, aunque no esté bien definida. Esto es un punto crucial. Todos necesitamos una ideología para tener una base y un marco para el propósito de nuestra vida y para proveer una justificación a nuestras acciones. Por decirlo de otra manera, la elección de vivir lo mejor posible requiere una medida de lo que es 'lo mejor' y el contexto para medir esto es una ideología. Puede que no nos preocupe ni nos interese la ideología, pero siempre está ahí.

¿Crees que la vida simple es más feliz y gozosa?

No necesariamente. Las riquezas, el dinero, las posesiones y el conocimiento pueden traer preocupaciones a nuestra vida, darnos grandes responsabilidades y más opciones, pero no pienso que automáticamente nos hagan más o menos felices. Muchas personas ricas y muchas personas inteligentes no son felices, e igualmente muchas personas sencillas están amargadas y son infelices. Pienso que más importante que la felicidad son valores como la verdad, la fidelidad y la devoción. Jesús tenía mucho gozo, pero era varón de dolores también. El apóstol Pablo tenía gran gozo, riquezas, vida, certeza y gratitud, pero también estaba cargado de preocupaciones y problemas. La gente le traicionó, lo azotaron, lo pusieron en la cárcel. La felicidad no era el mayor valor ni para Pablo ni para Jesús. Yo creo que la forma en la que Dios nos ha creado y nos sigue creando- aceptando y confrontando las luchas de un mundo caído- conduce a la mejor y más satisfactoria vida, no necesariamente a la más feliz. Esto es difícil de aceptar porque queremos ser felices, sin embargo la felicidad es tan sólo parte de la realidad. No es sabio el sacrificar otras partes de la realidad sólo para ser felices. A veces yo soy feliz y lo disfruto mucho, pero la felicidad no es lo primordial.

¿Consideras el Cristianismo como una religión?

La religión es un sistema de conexión con lo sobrenatural. El Cristianismo, según lo entiendo yo, no es principalmente un sistema ni se refiere básicamente a lo sobrenatural. Trata sobre la realidad de todas las cosas, tanto naturales como sobrenaturales, sustentadas por Jesús, y el practicar esa realidad. Los Fariseos en tiempos de Jesús eran gente muy religiosa- con sus ceremonias, leyes, ropas especiales y calendario- pero a Jesús no le impresionaba eso. Dijo que la virtud de las personas tenía que ser mayor que la de los fariseos, lo cual significa que la virtud de los cristianos no puede ser una lista de normas o de tradiciones o de algo ceremonial. Tiene que ser una virtud del corazón. Es una transformación radical y personal del corazón. Esto no tiene nada que ver con la religión.

Muchos cristianos se centran excesivamente en ir al Cielo. ¿Qué opinas de eso?

Si lo entiendo bien, lo que la Biblia enseña es que debemos trabajar y orar para que el Reino de Dios se convierta en una realidad en la Tierra. Jesús dijo: 'Oraréis así: Padre nuestro que estás en los cielos, santificado sea Tu nombre, venga Tu reino, hágase Tu voluntad, así en la Tierra como en el Cielo'. Rezamos esta oración pero a menudo sin saber lo que decimos. Muchas veces lo que decimos es: 'Padre mío que estás en los cielos, sácame de aquí'. Eso es lo que pensamos. Pero no es eso lo que Jesús nos enseñó. Él nos enseñó a orar y a hacer que el reino de Dios venga a la tierra- que se hagan realidad los valores bíblicos y la descripción de la vida humana en esta tierra. No se nos pide que esperemos y aguantemos hasta que Dios nos arrebate a otro lugar. Pero entiendo que haya personas que piensen así. Sufrimos, estamos oprimidos, estamos frustrados. Aun así, esa actitud es incorrecta y necesitamos arrepentirnos. A este error de algunos cristianos se debe precisamente que el Cristianismo no parezca bueno a los no-cristianos- y entonces nos maravillamos de que nuestra evangelización no sea efectiva. La evangelización nunca será efectiva mientras prediquemos un evangelio de escapismo y abstinencia.

Muchas de tus ideas, como lo son la objetividad y la subjetividad, el dinamismo, la forma y la libertad, no son mencionadas explícitamente en la Biblia. ¿Has conocido algún teólogo que haya argumentado que estas ideas son demasiado abstractas o especulativas para poder ser justificadas por el texto Bíblico mismo?

Muy raramente hay personas que digan que mis ideas no son bíblicas. Más a menudo me preguntan cómo puedo discernir estas ideas en la Biblia, lo cual me anima. Entonces intento responder a la pregunta. Un ejemplo sería: '¿Por qué usas la palabra 'Trinidad' si no está en la Biblia?'. En mi opinión, el término 'Trinidad' es un símbolo oral de la naturaleza de Dios tal y como se describe en la Biblia. Otro ejemplo de un símbolo verbal es el Credo de los Padres de la Iglesia. Los llamamos credos porque empiezan con la palabra 'credo', o 'creo', pero los Padres de la Iglesia los llamaron símbolos y definiciones porque eran una representación de la verdad total en la

Biblia. En general, no se encuentra una correspondencia total entre un símbolo y lo que simboliza. Igualmente, no se encuentra una correspondencia total entre símbolos verbales, como la Trinidad, la forma y la libertad, o el dinamismo y el vocabulario de la Biblia, a pesar de que esos símbolos están justificados por el texto de la Biblia.

¿Puedes explicar un poco más lo que significa ser salvo y lo que ocurre después?

El ser salvo es como el ser hecho de nuevo, convertido de una criatura muerta y centrada en sí misma a una criatura viva, centrada en el otro. El ser salvo es el volverse de nuestro quebrantamiento y el comenzar a moverse en la dirección de la curación. Significa recibir sanidad y procurar la sanidad o, como dice la canción 'confía y obedece'. Es algo complementario, una realidad del 200%. No somos salvos por confiar en Dios o por obedecerle, sino por hacer ambas cosas. Hay gente que se estanca, creyendo que es una u otra cosa. Yo pienso que la pregunta '¿Cuál escoges?' viene directamente del diablo. ¿Confías en la sanidad que te proporciona Dios o procuras la tuya propia? Esa es una pregunta malvada. Es como preguntarle a Humpty Dumpty de qué lado de la pared quiere caerse. Pero Dios dice que podemos tener las dos partes. Jesús dice: 'He venido para que tengáis vida y la tengáis en abundancia. No te pido que elijas qué parte de la vida quieres tener. Tómalo todo. Vívelo todo'. Otro ejemplo de cómo somos desafiados después de haber sido salvos lo encontramos en el Salmo 23. Este salmo nos dice: 'Mi copa está rebosando'. En la vida real, cuando la vida está rebosando la gente normalmente reacciona diciendo: 'Vaya estropicio. Limpiemos todo esto'. A la gente no le gusta que las cosas se descontrolen o sean impredecibles. Pero la falta de control es inaceptable sólo cuando andamos por vista. Cuando caminamos por fe es aceptable porque confiamos que Dios nos va a arraigar en la abundancia rebosante de la vida. La fe puede ser aterradora porque no vemos, no tenemos control, no entendemos por completo. Caminamos y confiamos en Dios. Es como si escucharas su voz al final del túnel oscuro y caminaras hacia su voz. La gente quiere tocar las paredes del túnel. Corren de un lado a otro. Quieren orientarse. Eso es natural. Caminar por fe es algo espiritual. Nos atrae lo natural porque somos criaturas caídas y quebrantadas. Necesitamos retornar y convertirnos en espirituales. Eso no significa que abandonemos lo natural, sino que contextualicemos lo natural en toda la realidad y la verdad de Dios. Hay gente que piensa que se tiene lo natural en un lado y lo espiritual en otro, por lo cual se tiene que dejar un lado y venir al otro cuando te conviertes. Pero la imagen bíblica es que lo natural está contextualizado dentro de lo espiritual, dentro del Señorío de Jesucristo. De esa manera no se pierde nada. Todo se gana. La vida se hace más plena y satisfactoria.

Si la vida es más plena después de ser salvos, ¿por qué tenemos una impresión distinta- que la vida cristiana hace a las personas rígidas y limitadas?

Una pregunta que hago a menudo a personas de diferentes países es: 'Si fueras a tu ciudad y parases a 10 personas y les dijeras: quiero preguntarte algo- si te convirtieras en cristiano hoy, ¿piensas que tu vida sería más plena, rica y comprometida o más pobre, estrecha y menos comprometida?- si preguntases eso, ¿cómo respondería la gente?'. Generalmente, todo el mundo dice que la gente contestaría con la segunda parte de la pregunta- dirían que la vida se convierte más estrecha, más pobre y menos comprometida. Y estoy de acuerdo en que esa sería la impresión de la mayoría de la gente. Pero entonces yo pregunto: '¿Es eso lo que dice la Biblia?'. Ellos responden que no, que eso no es lo que dice la Biblia. También estoy de acuerdo con esto. Entonces, ¿de dónde saca la gente la idea de que el convertirse en cristiano te limita? Hasta cierto punto lo sacan de los medios de comunicación y de ataques falsos contra la Cristiandad, pero en gran medida procede de los mismos cristianos. Si eso es verdad, convendría comenzar la apologética con una disculpa. Quizás deberíamos pedir perdón por dar una impresión incorrecta de lo que es vivir como un cristiano. También tenemos que practicar el Señorío de Jesucristo sobre la *totalidad* de la vida, no sólo de la vida religiosa.

Una imagen crucial del Cristianismo es la crucifixión y la limpieza de nuestros pecados con la sangre de Cristo. La imagen es violenta y para muchas personas es perturbadora y difícil de aceptar. ¿Hay alguna otra manera de transmitir el mensaje central del Cristianismo?

Tiene que correr la sangre. Tiene que haber muerte. No puede ser bonito. A veces les digo a las personas que es como ir al dentista. Una visita de urgencias al dentista nunca es agradable- ni siquiera si tu dentista es bueno. Imagina que tienes un dolor terrible de muelas y el dentista te dice: 'Tiene que dolerte mucho. Déjame que te bendiga. Toma un poco de morfina'. Si luego te deja y esa es su solución, no te ha bendecido, te ha maldecido. Para bendecirte primero tiene que *aumentar* el dolor. El dentista es un claro ejemplo de la bendición dolorosa. A veces es bueno recordarle a la gente que la vida no es agradable, y que conseguir *más vida* no es un proceso fácil. Por supuesto que la gente preferiría un proceso de salvación sencillo y agradable, como algo budista o transcendental- y mucha gente sigue este modelo. Es natural y muy romántico imaginar un proceso de salvación agradable. Pero la Biblia no ofrece una salvación agradable. Es un escándalo. El mismo Pablo lo dice. Siempre ha sido verdad. Se ha mostrado a Jesús equivocadamente como alguien agradable, pero no lo es. Él es real.

C.S. Lewis acertó en 'El león, la bruja y el armario'. Los niños de la historia están deliberando acerca de Aslan, una especie de símbolo de Jesús, y preguntan: '¿Es inofensivo?'. Y se les responde que claro que no es inofensivo, pero es bueno. Inofensivo o agradable no significa bueno. Otra ilustración puede ser una madre con su hijo de tres años antes de cruzar la calle. Si el niño intentara cruzar una carretera con mucho tráfico él solo, el amor de la madre se expresaría muy violentamente. Agarraría al niño de la mano con tal fuerza que casi podría romperle el brazo. Puede que le gritara y se enfadara con él. Y eso sería una muestra de amor. Si, en cambio, ella hubiera sido buena y agradable, el niño hubiese muerto. Nuestra situación es urgente y la solución que Dios ofrece es drástica y efectiva.

¿Es Dios varón según la Biblia o hay algo femenino en Él?

Dios es absoluto, y de Dios se originan tanto el varón como la hembra. En la Biblia se nos dice que llamemos a Dios 'Padre', pero podemos observar en varios lugares que también es una madre. En el Antiguo Testamento Dios dice: 'Te consolaré como una madre te consuela'. En el Nuevo Testamento Jesús dice a Jerusalén que Él la recogerá como una madre a sus polluelos. Normalmente llamamos a Dios 'Padre', en parte por su relación con Jesús. También, algunas de las características más prominentes de Dios expresadas a través de la historia demuestran que Él es poderoso y justo- esto se aproxima a la paternidad. Aun así, aunque es correcto orar a nuestro Padre, el considerar a Dios *en su totalidad* como únicamente Padre no sería correcto, porque Dios es mayor que eso.

¿Cómo explicas la diferencia entre ángeles y ángeles caídos?

Dios es tres personas y está centrado en otro. El diablo es una persona y es egocéntrico. Por esta razón, los ángeles que siguen a Dios se centran en otros, y los que siguen al diablo son egocéntricos. Son como agujeros negros, absorbiendo todo hacia sí mismos. Por eso el diablo y los ángeles caídos usan a las personas, poseyéndolas y consumiéndolas. Los ángeles de Dios, por otro lado, bendicen a las personas y las animan a centrarse en otros, a amarlos y a conocer la Verdad.

¿Han malinterpretado los cristianos la Biblia y por eso han explotado o hecho mal uso de la naturaleza?

Sí. Un ejemplo de ello sería la escatología escapista, la cual dice que al final del mundo Jesús vendrá, nos llevará a otro lugar celestial y quemará su creación. Yo no creo que esta idea esté apoyada por la Biblia, pero muchos cristianos sí lo creen y ha dado lugar a una actitud utilitaria de 'usar la creación para tu propio beneficio, porque Dios la odia y la va a quemar de todas maneras'. Esta actitud es una de las principales críticas que los budistas y la gente de la Nueva Era tienen contra los cristianos, y esa crítica es válida.

Algunas personas sugieren que la Biblia se puede usar e interpretar incorrectamente porque es muy compleja. ¿Por qué decidió Dios crear un documento tan complejo para expresar Su verdad? ¿Por qué no creó algo más sencillo?

Dios es complejo y su imagen es compleja. Una expresión simple de la verdad sería reduccionista, inadecuada e inapropiada. Hay un límite en cuanto a la simplicidad que puede haber en la relación de Dios con nosotros. Si es demasiado simple, las personas serán marionetas y robots. Tiene que haber espacio para pensar y escoger. Dios no es automático, por lo tanto Su imagen no puede ser automática. La Biblia no es diferente de otras cosas de la vida- el matrimonio, por ejemplo. El matrimonio es complejo, difícil de entender y propenso al mal uso, pero eso no significa que debamos evitarlo o quitarlo completamente. El hecho de que la Biblia sea compleja y la gente la abuse, bien accidentalmente bien deliberadamente, no significa que la Biblia esté equivocada. Significa que la Biblia es realista.

¿Es posible la salvación para las personas de religiones no-cristiana o para la gente que no practica ninguna religión?

Sí, no porque todo sea verdad, sino porque Dios ha puesto eternidad en el corazón de todo el mundo. Se nos ha prometido que si Le buscamos de todo corazón Le encontraremos. Lo opuesto también es cierto. Muchas personas que se identifican como cristianos están muy lejos de serlo. Puedes ir a muchas iglesias y encontrar muchas personas que no son cristianas. Encontrarás celos, orgullo, manipulación, avaricia, ideas ecológicas destructivas y toda clase de problemas. Jesús nos llama a ser Sus embajadores y a demostrar Su realidad en nuestras relaciones humanas, pero fallamos. Ese fracaso no implica que nadie pueda salvarse. Conozco a muchos misioneros y he oído historias asombrosas sobre personas que se han salvado sin conocer a un cristiano. Así que yo creo que gente sin Biblia o iglesia, si son honestos, pueden llegar a entender su necesidad de Dios. Pueden humillarse-ser pobres en espíritu; esa clase de gente que Jesús llamó *bienaventurados*. Si son honestos, clamarán a Dios y Él les responderá. Eso es un tema personal e individual, no un tema religioso, racial o cultural.

¿Estás diciendo que uno se puede salvar sin Jesús?

No, no digo que puedan ser salvos sin Jesús, pero pueden ser salvos fuera de la tradición cultural de la iglesia. Dios puede llegar a ellos directamente. He conocido personas que llegaron a ser cristianas a través de una visión. Conocí a una misionera que fue a Indonesia y llegó a un pueblo lejano acompañada de unos traductores. Los locales nunca habían visto a un extranjero y ella les dijo: 'He venido a hablaros sobre el Cordero de Dios que quita el pecado del mundo'. A lo que ellos contestaron: 'Ya lo sabemos'. Ella dijo: '¿Quién os lo dijo?'.

La gente le refirió la historia de un hombre, ya muerto, que había sido el juez de aquella tribu. El hombre había vivido angustiado por mucho tiempo porque, aunque era el juez de otros, no había nadie que le juzgara *a él*. No podía vivir con eso. Un día clamó y tuvo una visión de un cordero que era sacrificado. Era una visión de San Juan en el Libro del Apocalipsis y entendió que el Creador había muerto para justificarle y entonces creyó. Nunca había oído mencionar el nombre de *Jesús*, pero creyó en Jesús y enseñó a su pueblo sobre lo que había entendido. A veces ocurre así. Eso no quiere decir que no tenemos que comunicárselo a la gente. Somos responsables de hacer lo que podamos. Pero no debemos vivir desesperados pensando que Dios es cruel e injusto porque hay personas a las que no podemos alcanzar.

¿Cómo pueden los cristianos conectar más íntimamente con gente del primer y segundo círculo?

Buena pregunta, porque la mayoría de la gente en el mundo son monistas o dualistas de un tipo u otro. Si eres cristiano es muy posible que alguno de tus vecinos sea monista o dualista. Los cristianos saben que deben amar al prójimo. Para amar a alguien se necesita entenderle, porque el amor no es un sentimiento. El amor es una relación con otras personas e implica un entendimiento, una comunicación y un apoyo. Y el amor no es argumentar o discutir. Si lo sé todo y gano todos los debates pero no tengo amor, eso no tiene valor. Necesitamos entender a las personas para poder amarlas, es entonces cuando la lógica y las discusiones pueden ser verdaderamente valiosas. También es bueno recordar lo que tanto cristianos como no-cristianos tienen en común. Dios me hizo cristiano, pero antes de eso me hizo un ser humano. Cuando me convertí en un cristiano, no dejé de ser un ser humano. Como cristiano, hay muchas cosas que no comparto con los no-cristianos, mientras que como ser humano hay muchas cosas que tengo en común con otra gente. Otro punto que quiero añadir es la importancia de escuchar a la gente y el hacer preguntas profundamente humanas. ¿Qué significa el ser una criatura humana? ¿Cómo podemos conocernos a nosotros mismos? ¿Cuál es el propósito de mi vida? ¿Cómo puedo hacer frente a mi sentimiento de culpabilidad? ¿De dónde procede todo y a dónde va? Estas son las preguntas que todos nos planteamos. Los que somos cristianos sabemos que la respuesta es Jesús, pero, ¿cuáles son las preguntas? Ahí es donde tenemos que trabajar con las personas y bendecirlas. No debemos decir a la gente: 'No me importa cuáles son tus preguntas; cree en Jesús, Él es la respuesta'. Eso no es amor, es vender algo. Debemos decir: '¿Cuáles son tus preguntas?' Entonces podremos contestar: 'Sí, esas son mis preguntas también. Somos humanos. Vivimos en un mundo difícil'. Entonces podemos empezar a explorar las respuestas.

Tú enfatizas la importancia de hacer preguntas. ¿En qué pasajes de la Biblia se nos anima a hacer preguntas o a mostrar curiosidad?

Dios nos invita a razonar con Él. Lo vemos en varios lugares. En Isaías 1:18 Dios dice: 'Venid luego, dice Jehová, y razonemos juntos'. En el Génesis, Dios evangeliza a Adán con una serie de preguntas: '¿Dónde estás? ¿Quién te lo dijo? ¿Has comido?'. Si este es el método evangelístico de Dios, nos iría bien seguirlo, haciendo preguntas entre nosotros. También creo que el hacer preguntas es una de las razones por la que Jesús quiere que seamos como niños. ¿Quién ha conocido a un niño que no haga preguntas? Esa clase de niño no existe. Su tarea es preguntar. Dios no quiere que dejemos de pensar. Quiere que preguntemos, que probemos todo-tocarlo, sentirlo, estrujarlo.

A menudo gente no-cristiana asiste a tus charlas. ¿Qué perspectivas proporcionan?

Yo encuentro que los no-cristianos a veces proveen una perspectiva más refrescante e innovadora que los cristianos. Pienso que es porque los no-cristianos no proceden de la misma red cultural, tradicional o religiosa. Sus preguntas no se expresan en jerga religiosa. Se expresan más a menudo en inglés, alemán, ruso común o cualquier otro idioma. Cuando un cristiano hace una pregunta espera que sea respondida dentro de un contexto cristiano y de una cultura tradicional, lo cual no es la totalidad de la realidad humana. Las preguntas que recibo de los cristianos son predecibles. Las preguntas de los no-cristianos suelen ser menos predecibles. Eso te mantiene despierto y alerta. Me encanta.

¿Cuáles son los retos específicos para los cristianos al hacer preguntas?

Creo que una de las dificultades con los cristianos nuevos es que saben que han nacido de nuevo en la paz de Dios, pero piensan que esa paz significa una falta de conflicto. Pero eso no es lo que la Biblia dice cuando habla de paz. Significa 'Shalom', que es el fundamento del bienestar y de la comprensión de la realidad. Es la base en la cual podemos tener conflictos y hacer preguntas y donde podemos confesar que no lo sabemos todo y que necesitamos aprender. Muchos cristianos son pasivos y se dan por satisfechos con su fe, olvidándose de que la palabra 'Israel' significa 'el que lucha con Dios'.

El hacer preguntas, ¿no crea un sentimiento de duda e incertidumbre que puede debilitar la fe?

Hacer preguntas nos ayuda a mantener la fe en las cosas que la Biblia quiere que creamos. Si nunca preguntamos con dudas, nunca creceremos en entendimiento. La Biblia quiere que creamos en un Dios personal y en una relación personal con Dios. La Biblia quiere que recibamos preguntas de la gente y que hagamos nuestras propias preguntas sobre la realidad. El no hacer preguntas muestra que nuestra fe es débil. Significa que no confiamos en que Dios nos sostenga durante el proceso de crisis y confusión. No puede haber crecimiento sin hacer cuestiones. En los versículos 5 y 7 del capítulo 4 de Proverbios se nos ordena *obtener sabiduría*. Eso significa que no la tenemos. Una de las maneras de obtenerla es haciendo preguntas.

¿Cómo reacciona tu comunidad eclesiástica actual a tus preguntas?

Lentamente pero de manera positiva. Muchas de las preguntas que encuentro en la Biblia y que traigo a la Biblia son preguntas que cambian nuestro paradigma. A la mayoría de las personas les lleva mucho tiempo llegar a entender esta clase de preguntas y conviene reiterarlas sutilmente y con frecuencia.

¿Cómo podemos aprender a hacer mejores preguntas?

De varias maneras: leyendo libros que hacen preguntas, leyendo novelas y viendo películas que plantean cuestiones, pensando en las respuestas bíblicas. Debemos darnos cuenta de que algunas respuestas no son completas. Piensa profundamente hasta lo más profundo y lo más ancho. Sé valiente y riguroso al hacer preguntas peligrosas. No tengas miedo de las preguntas amedrentadoras. Haz preguntas para las que no puedas presuponer una respuesta. Piensa por qué se hace la pregunta. ¿Qué diferencia conseguirá la respuesta para tu vida? Si no puedes verbalizar las preguntas adecuadamente, prueba a escribirlas primero. El proceso es infinito. Tienes que permanecer atento.

¿Por qué te convertiste en budista al principio?

Me crié en un ambiente cristiano y continué haciendo preguntas absolutas. Pero los cristianos que yo conocía no tenían interés en mis preguntas. Me decían: 'No hagas preguntas, tan sólo cree. Vuelve a ser como un niño y ten fe sin preguntar'. Eso no tenía sentido para mí. No fue hasta más tarde cuando me di cuenta de que, cuando Jesús nos dijo que fuéramos como niños, lo que quería decir era que hiciéramos preguntas y explorásemos. Como resultado de mi desilusión con el Cristianismo, comencé a buscar y probar diferentes filosofías y religiones. Fui miembro de la sociedad Rosacruz, del Bahaismo, de la sociedad de la Auto-Realización de Paramahansa Yogananda y de otros grupos. Me quedé con el Budismo Zen porque no es muy religioso. Los budistas Zen siempre están interesados en absolutos y yo estaba interesado en los absolutos. También me atrajo el hecho de que eran el único grupo religioso que no vendía bisutería.

¿Cómo te convertiste en cristiano?

Hay varias respuestas verdaderas. Una respuesta verdadera es por libre albedrío. Otra respuesta verdadera es por la voluntad soberana del Espíritu Santo. Una respuesta correcta debe incluir ambas: yo elijo y Dios elige. En cuanto a mi elección, se me ocurren varias razones concretas. Entre las más importantes fue el darme cuenta de que se necesita menos fe para creer en el Cristianismo que para creer en cualquier otra cosa. En mi opinión, conlleva más fe el creer en el Humanismo. Conozco personas que creen que los seres humanos son fundamentalmente buenos y entonces pienso: 'Caramba, ¡qué fe! Creen en contra de toda la evidencia. ¡Qué fe tan poderosa!'. Yo no quiero tener una fe así. Demasiada fe es destructiva. Prefiero tener una fe pequeña en una gran verdad. No quiero una fe grande en una idea errónea. Una persona es capaz de creer cualquier cosa. Puede creer que el mundo es plano, y lo cree tanto que es capaz de matar o morir por ello. Pero la fe en un mundo plano no hace al mundo plano. La fe que dice que Jesús es Dios y Señor no le hace Dios y Señor. Si Él es Dios y Señor, entonces Él es independiente de mi fe en Él. Esto fue importante para mí durante mi búsqueda- una verdad que fuera independiente de mi fe- y la fe más independiente fue la que encontré en la visión bíblica. También hice muchas preguntas al estudiar el Cristianismo. Había una idea que corría por mi mente por muchas semanas. Durante un tiempo, yo había cantado en una ópera inglesa llamada 'El Mikado' y una de las frases decía: 'Quién eres tú para hacer esta pregunta?'. Yo oía esta frase en mi cabeza mientras estudiaba y decidí prestarle atención. Entonces me dije: 'Estoy pensando todas estas preguntas, pero, ¿quién hace las preguntas?'. Me di cuenta de que la respuesta budista es 'la Pregunta es', pero la respuesta cristiana es 'yo estoy preguntando'. Esto se acercaba más a mi propia experiencia. Yo había estado haciendo preguntas toda mi vida. Por eso el Cristianismo no tenía sentido para mí. Pero yo no batallaba con lo que la mayoría de la gente batalla. Muchas personas luchan bien con la culpabilidad o la negación de la culpabilidad, o luchan con la idea de la existencia de lo sobrenatural. Algunos son naturalistas, como muchos científicos e ingenieros, quienes creen que si no puedes medir algo y expresarlo en números entonces no existe. Pero yo nunca tuve ese problema. Yo he sido un supernaturalista toda mi vida.

¿Qué dificultades tuviste?

La naturaleza personal de la realidad fue algo crucial para mí. Una de mis preguntas era: 'Es lo no-personal necesariamente sub-personal? No podría haber un super-personal, no-personal, del cual procediera la personalidad? O, en otras palabras, ¿puede la realidad humana, la cual es personal, resultar de una realidad absoluta que es impersonal? O, ¿una realidad absoluta impersonal sólo puede resultar en cosas que son menos personales?'. Esta era una pregunta muy seria para mí, y era muy difícil encontrar un cristiano que la tomara en serio o que pudiera entender la pregunta. La respuesta budista a la pregunta es 'Sí- una realidad impersonal absoluta puede dar lugar a una realidad personal humana en la ilusión de diversidad'. Pero la respuesta cristiana es 'No- sólo una realidad personal absoluta puede crear una realidad personal humana'. Yo quería saber por qué los cristianos creían en sus respuestas y por qué la respuesta budista pudiera ser falsa. El Señor tuvo que guiarme a la comunidad de L'Abri en Suiza para que pudiera encontrarme con gente que entendiera mis preguntas y me pudiera ayudar. Pero esa era mi batalla particular. Todos somos diferentes. Yo te puedo contar cómo y por qué me convertí en cristiano, pero para ti será de una manera diferente. Tú tienes que hacerlo a tu manera. Tú no eres yo. Tú eres único. Tienes que ir a Dios y Dios tiene que venir a ti de una forma en la que puedas entender intelectual, emocional, existencial y moralmente, de maneras en las que yo quizás no pueda entender. Según la Biblia, tu relación con Dios es como un matrimonio. Los cristianos a menudo hablan de compartir su fe, pero yo no creo que pueda compartir *mi* fe. Creo que puedo compartir *la* fe- lo que los cristianos creemos- pero no puedo compartir mi propia fe de la misma manera que no puedo compartir mi matrimonio. Yo tengo un matrimonio, y puedo hablarte de él, pero no lo puedo compartir. Yo tengo una fe en Jesucristo, y puedo hablarte de esa fe, pero no la puedo compartir contigo. Tienes que tener tu propia fe. No la puedes obtener copiando a alguien o heredarla de tus padres o abuelos. Se puede decir que Dios no tiene nietos. Sólo tiene hijos. Cada uno ha venido a Él directamente.

Siendo tú una persona que continúa haciendo preguntas sobre las diferentes visiones del mundo, ¿piensas que quizás algún día encontrarás una respuesta diferente y abandonarás el Cristianismo?

Debo tener cuidado con que mi Cristianismo no se vuelva fanático o se convierta en algo que creo porque lo creo. Si alguien puede demostrar que ha encontrado los huesos de Jesús, entonces dejaré de ser cristiano en ese mismo momento, porque no sería verdad. Hay aspectos de ser cristiano que disfruto, pero los sacrificaría por la verdad. Pienso que tienes que estar abierto, pero a la misma vez debes ser fiel y estar comprometido. Puede que conozcas a muchas mujeres interesantes, pero sólo debes casarte con una de ellas. Eso significa decir 'no' a muchas mujeres y 'sí' a una sola. La relación con Jesús, como ya he mencionado, es como un matrimonio. Si descubres que la mujer con la que te has casado tiene serios problemas y ha estado casada ocho veces y tiene nueve hijos de los cuales no sabías nada, entonces puedes dejar esa situación. De la misma manera, si yo descubriera que Jesús es una mentira, entonces tendría una crisis fundamental. Y según pienso ahora, volvería a la fe budista Zen. Pero la falsedad de la Cristiandad tendría que estar probada de varias maneras para que yo abandonara la fe.

¿Encuentras todavía a personas en la Iglesia que te dicen que no preguntes, sino que tan sólo creas?

Cada vez menos- en parte porque soy más viejo y la gente es educada conmigo, y en parte porque ahora soy pastor de una iglesia donde mucha de las personas hacen investigación científica. Sus carreras giran en torno a las preguntas.

Me parece interesante, sin embargo, que muchos cristianos que son científicos e investigadores separan su trabajo científico de su fe religiosa. Dicen: 'esto es fe, pero aquello es conocimiento'. Eso es esquizofrenia. No creo que sea sano. Es tan común, probablemente porque el poner en compartimentos es simplificar y controlar y a la gente le gusta hacer esto. Pero yo siempre estoy animando a la gente a que no separen las cosas. Todo está completo en Jesús. Cuando lees la Biblia, no sólo deberías preguntar '¿lo creo?' sino también '¿qué significa?'. Nunca acabas de averiguar. Tienes que mantenerte despierto. Tienes que ser como un niño pequeño.

Tu mente abierta y tu curiosidad son raras en un pastor. ¿Refleja esto tus años de práctica como budista?

No lo sé. En realidad hay muchas cosas que he retenido de mi pasado budista Zen que son buenas. No son cosas que se encuentran en la Biblia, ni son cosas que los cristianos han enfatizado mucho. La principal es la idea de la importancia de lo ordinario. En Zen, las cosas ordinarias son especiales y las cosas especiales son ordinarias. Yo creo que eso es bíblico, aunque los cristianos han tenido tendencia a ignorar lo ordinario y a valorar las cosas especiales, las experiencias especiales, los lugares especiales, las herramientas santas especiales. En Eclesiastés se nos anima a cavar el jardín, a comer y a estar agradecidos a Dios. Es algo muy ordinario. El énfasis del Zen en lo ordinario también incluye el valorar la creación. Los budistas Zen no saben que Dios lo ha creado, pero lo valoran. Uno de los grandes dichos del Zen es: 'Buda es un montón de estiércol'. Esto significa que si no reconoces que el montón de estiércol que estás echando en el jardín es Buda, entonces no conoces a Buda. Como resultado, los budistas Zen procuran no explotar o abandonar la naturaleza. Ellos intentan incorporar la naturaleza en la naturaleza-Buda. La Biblia nos da la responsabilidad de cuidar la creación que Dios ama, pero a veces los cristianos no lo hacen.

¿Tienes una preferencia denominacional?

Mi práctica personal tiene tendencias bautistas y de Asambleas de Hermanos. Sin embargo, encuentro que la liturgia tiene mucho valor. Yo por supuesto que la disfruto. Encuentro mucho valor el vivir la historia de salvación de Dios y Su palabra a través del símbolo, el texto y la actividad, más que a través de un enfoque irregular basado en las oportunidades o el estado de ánimo. A su vez, corre el peligro de que empecemos a adorar la tradición litúrgica per se. Hay muchas personas en iglesias litúrgicas que no tienen ni idea de su significado. Lo hacen por tradición. Quizás lo practican por un sentimiento de pertenencia o prestigio social o por puro hábito. Alguien una vez describió la liturgia como *una verdad escondida tras muchos velos sagrados*. Pienso que esto le sucede a muchas personas.

¿Es tu experiencia del dolor menos dolorosa por ser cristiano?

No. Es más esperanzadora, pero no siento menos dolor. De hecho, puede que sea *más* dolorosa. El dolor de un cristiano no consiste únicamente en su propio dolor, sino en el dolor del mundo entero, el dolor que Cristo siente por la humanidad- no que yo sea más sensible en esto que otros. Aun así, pienso que en la vida cristiana, según corremos, vamos avanzando, nos volvemos más sensibles. La vida se vuelve más intensa, más rica y llena, con más dolor y también más alegría.

¿Cuál es la respuesta más importante que has encontrado en la Biblia?

El capítulo 4 de Filipenses es muy valioso para mí. Pablo nos dice que no estemos afanosos por nada, pero que en toda circunstancia y detalle de nuestra vida, en oración y súplica, traigamos nuestras peticiones a Dios. No escondas nada de Dios. Muéstraselo todo. Cuéntale tu punto de vista. Dile lo que quieres. Tú no eres Dios, no ves perfectamente, pero cuéntale lo que quieras. Descubre cómo ves las cosas y qué soluciones percibes y díselo a Dios. Ahora, si haces esto, la promesa no es que Dios te va a dar lo que has pedido. Eso sería una maldición terrible. Una de las peores cosas que puedes desearle a otra persona es que 'todos tus deseos se hagan realidad'. Sería su destrucción total. Por eso Dios no dice que nos dará lo que queremos. La promesa es que Él *nos guardará. La paz de Dios, que supera todo entendimiento, guardará nuestros corazones y nuestras mentes a través de Jesucristo.* Esa es la promesa. ¿Cómo se desarrolla esa promesa? De una manera infinita. No sabemos lo que significa para cada persona o para cada circunstancia. No conocemos los detalles. Sólo sabemos que es seguro que Dios nos guardará y no nos dejará nunca.

Así que cuando pasamos por situaciones dolorosas, exasperantes, confusas, incómodas, amenazadoras y nos preguntamos si Dios nos guarda, podemos estar seguros de que la respuesta es siempre SÍ.

Retrato del autor obra de Andrzej Bednarczyk, Catedrático de Pintura de la Akademia Sztuk Pieknych de Cracovia, en Polonia, esbozado durante una conferencia en Kazimierz en 1991.

Debo profunda gratitud a:

Peco Gaskovski,
nuestro corrector, que con su riqueza y
laboriosidad,
Debo profunda gratitud a:

Peco Gaskovski,
nuestro corrector, que con su riqueza y
laboriosidad, puso orden y dio forma y
color a mi voz.

Katharine Wolff,
nuestra diseñadora, que me mostró
lo que hace bello un libro
y cómo se consigue.

Ralph McCall,
que supervisó el proceso de publicación
y me guió a través de él.

Marsh Moyle,
cuya lúcida lectura del primer borrador
dio a pie a cambios fundamentales.

Lillian Myers,
que editó y publicó originalmente como artículos
gran parte de este material.

Ruth Gaskovski,
que transcribió y corrigió,
sugirió y animó.

Destinée Media aspira a traer nuevos puntos de vista a la vida, la cultura y el mundo. Este libro es el primero de una serie basada en las conferencias de Ellis Potter.

www.ingramcontent.com/pod-product-compliance
Lightning Source LLC
Chambersburg PA
CBHW071213070526
44584CB00019B/3013